Histoire de France

Éditions Jean-Paul Gisserot
www.editions-gisserot.eu

Aux Origines de la France
Préhistoire et Néolithique

Le territoire qui correspond aujourd'hui à la France est occupé depuis la Préhistoire. De nombreux sites paléolithiques ou de l'âge de Pierre ont été fouillés par exemple dans le Massif Central mais aussi dans les Charentes. Les hominidés se sont succédé au cours des âges préhistoriques. D'abord les hommes de Tautavel, ou homo erectus, haut de 1m 60 et pesant 50 kg (il y a environ 450 000 ans) puis les hommes de Néanderthal atteignant la taille de 1m 65 et le poids de 80 kg, plus évolués maîtrisant le feu et concevant des outils plus complexes mais qui ont disparu laissant la place progressivement à l'Homo Sapiens voici 40 000 ans environ. Ce dernier est plus connu en France sous le nom d'homme de Cro Magnon, ayant la même capacité crânienne que l'homme contemporain. Cro Magnon a supplanté Néanderthal en étant sans doute plus adapté aux variations climatiques et aux maladies. En effet, le climat s'est refroidi considérablement et Néanderthal s'est éteint incapable de résister aux changements de son environnement.

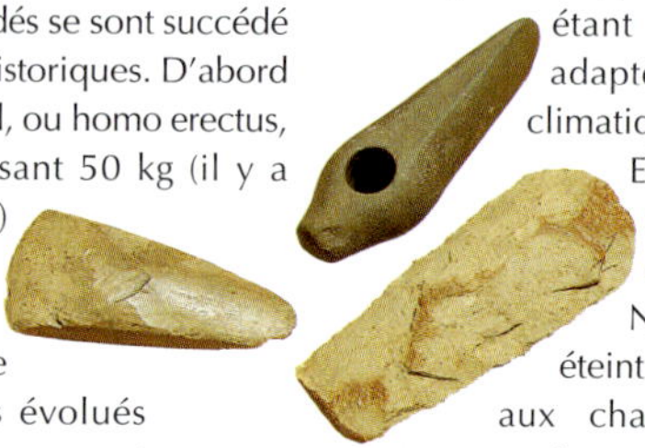

Différents types de haches néolithiques.

Ainsi Cro Magnon a pu se développer laissant de nombreuses traces archéologiques, outils, habitats et œuvres d'art. Ces dernières peuvent être des statuettes ou des peintures. Les plus connues sont les grottes de Lascaux (voici 17 000 ans) où sont représentés des scènes de chasse, des animaux, des mains.

Avec le réchauffement du climat, les

Les alignements de Kermario à Carnac (Morbihan). Photo Jean-Paul Gisserot.

Ci-contre : Tête de grand taureau - grotte de Lascaux (Dordogne). (Photo Ray Delvert).

premiers villages du Néolithique, ou âge de la pierre nouvelle, constitués de huttes puis d'habitations le long des lacs apparurent en France voici 6 500 ans environ au moment du développement des premières grandes civilisations au Moyen Orient (Mésopotamie, Egypte). C'est de cette période que datent les grandes constructions néolithiques, comme les dolmens qui sont des chambres funéraires couvertes de terre, ou les menhirs, des pierres dressées, isolées et alignées.

Avec la sédentarité, l'agriculture se généralise et certains animaux comme le chien, le mouton, le porc et le bœuf sont domestiqués. Alors que la poterie a été inventée au début du Néolithique, vers la fin de cette période, le travail du cuivre, du bronze (alliage de cuivre et d'étain) et enfin du fer est maîtrisé, permettant la création de nouveaux outils, d'armes etc. Des villages plus grands se développent avec la croissance démographique. La société devient plus complexe et peut être divisée en trois groupe : ceux qui produisent, agriculteurs et artisans, les guerriers plus riches que les autres en raison des tombes et des trésors retrouvés qui perçoivent sans doute une part des récoltes et enfin les prêtres qui se posent en intermédiaires entre les hommes et les divinités car la religion vise à se concilier les forces de la nature.

La Préhistoire prend fin avec la découverte de l'écriture dans le Croissant Fertile du Moyen Orient et en Chine et son adoption par les grandes civilisations méditerranéennes.

L'Antiquité : des Celtes aux Gallo-Romains

Des Celtes appelés Gaulois par les Romains sont installés dans la partie occidentale de l'Europe. Ils sont divisés en tribus et forment une soixantaine de peuples. Ils ont laissé un souvenir terrorisant chez les Romains. En effet, l'Italie et Rome ont été pillées lors de l'invasion gauloise dirigée par Brennus de 390 à 386 av. J.-C. Des Gaulois se sont d'ailleurs installés dans la plaine du Pô en Gaule Cisalpine. Les Gaulois sont donc de redoutables guerriers mais il n'existe aucun État gaulois centralisé, si bien que les tribus s'affrontent régulièrement.

La société est organisée en cinq classes : au sommet, les rois, puis les nobles ou guerriers, les hommes libres-propriétaires, viennent enfin les hommes libres sans propriété et les esclaves, souvent butins de guerre. Parmi les femmes, seules les princesses ont un destin important comme le montre la tombe extraordinairement riche d'une princesse de Vix, morte vers 480 av. J.-C. contenant un cratère de bronze de 208 kilos prouvant que les Gaulois ont des contacts commerciaux avec les civilisations voisines, romaine ou grecque, installées depuis le 7ème siècle av. J.-C. à Marseille.

Dès 124 av. J.-C., ces colons grecs menacés par les Gaulois appellent Rome au secours. Les légions romaines passent les Alpes et s'installent dans le sud-est donnant à cette nouvelle province le nom de Gaule Narbonnaise dès 120 av. J.-C. Les Romains peuvent alors l'utiliser comme base de départ pour conquérir toute la Gaule.

En 58 av. J.-C. Jules César, gouverneur

Ci-dessus : Statuette à la lyre de Paule (Côtes d'Armor). Photo Hervé Paitier, S.R.A. Bretagne.
Ci-dessous : le pont du Gard

Ci-dessous : les arènes de Nîmes (Gard).
Ci-dessous : la face sud de l'arc de triomphe d'Orange (Vaucluse).

des Gaules Cisalpine et Narbonnaise, pénètre en Gaule chevelue à l'appel des Eduens, une tribu gauloise attaquée par les Helvètes eux-mêmes encouragés par les Germains à l'est. Il remporte la bataille contre les Germains dirigés par Arioviste en les repoussant au-delà du Rhin qui devient la frontière de la Gaule. La présence des Romains est peu à peu considérée comme une menace à l'indépendance des Gaulois qui se regroupent derrière un seul chef : Vercingétorix.

Ce jeune noble du peuple des Arvernes a reçu une formation militaire dans l'armée de César. Il se fait de nombreux alliés et veut attaquer la Gaule Narbonnaise, très riche. Après quelques succès, il est encerclé dans l'oppidum d'Alésia, une place fortifiée, assiégée par les Romains. Vercingétorix se rend et est emprisonné à Rome avant d'être exécuté en 46 av. J.-C. C'en était fini de l'indépendance gauloise.

Le territoire est alors romanisé et réorganisé en trois nouvelles provinces (Gaule Aquitaine, Gaule Lyonnaise et Gaule Belgique) sous les auspices de la *Pax Romana*, la Paix Romaine. Peu à peu, les Gaulois évoluent et s'intègrent aux colons romains et deviennent les Gallo-Romains. Ces provinces sont très vite des centres actifs et riches de commerce ainsi que de productions agricole et viticole. Cette richesse se voit encore aujourd'hui par les nombreux vestiges gallo-romains en France à Nîmes, Orange...

L'ANTIQUITÉ

Le haut Moyen-Age (1) :
les invasions barbares et les Mérovingiens

Au milieu du 4ème siècle ap. J.-C., l'Empire romain devenu chrétien est en crise : les Empereurs n'arrivent plus à imposer leur pouvoir notamment sur l'armée constituée de troupes auxiliaires étrangères. Chaque général se comporte comme un seigneur dans sa province. Au Nord, les Germains s'agitent et sont attirés par les richesses de l'Empire. L'invasion venue d'Asie Centrale, menée par les Huns pousse les différents peuples germaniques (Francs, Wisigoths, Ostrogoths…) à fuir et à traverser la frontière du Rhin. Les Francs déferlent alors sur la Gaule. Au 5ème siècle, le roi des Huns, Attila attaque la Gaule terrifiée et parvient jusqu'à Orléans. Les villes se vident. Malgré la défaite finale d'Attila en 451, la Gaule romaine disparaît avec l'Empire romain d'Occident en 476.

Seul subsiste autour de Soissons un dernier foyer d'autorité romaine dirigée par le général Syagrius qui est battu par Clovis, le roi des Francs, à la bataille de Soissons en 486 puis égorgé l'année suivante selon

Rarissime baptistère du 5ème siècle à Riez (Alpes de Haute-Provence).

Grégoire de Tour, le chroniqueur de l'Histoire des Francs. C'est durant cette bataille que le vase de Soissons est brisé par un soldat de Clovis qui refusait que ce butin revînt à l'Église. Pour avoir mal entretenu ses armes, le soldat est tué par Clovis un an plus tard lors d'une revue des troupes. Clovis affirmait ainsi son pouvoir de façon indiscutable.

Clovis est le petit-fils du mythique Mérovée qui donne son nom à la nouvelle dynastie. Marié à Clothilde, une princesse chrétienne burgonde (de la Bourgogne actuelle), il remporte une bataille décisive à Tolbiac près de Cologne sans doute en 496 contre les Alamans. Cela lui permet de maîtriser la majeure partie de la Gaule. Il est baptisé à Reims (498 ?) par Saint Rémi. En 507 il conquiert alors l'Aquitaine achevant avant sa mort en 511 l'unité du Royaume des

Plaque de ceinture provenant de La Roche-sur-Foron (Haute-Savoie), époque mérovingienne. Musée d'Art et d'Histoire de Chambéry (Savoie).

☐ Territoire en 481	☐ Conquêtes de Clovis de 486 à 511	☐ Conquêtes de 531 à 768	☐ Conquêtes de Charlemagne de 768 à 814

Francs avec pour capitale Paris. Pourtant c'est selon la coutume franque que ce dernier est partagé entre ses fils, chacun restant « Roi des Francs ».

Peu à peu, les différentes parties du Royaume, la Neustrie à l'ouest, l'Austrasie à l'est et la Bourgogne au centre se séparent d'autant plus que la lutte pour le pouvoir de certaines reines comme Frédégonde et Brunehaut exacerbe les rivalités. C'est sous Dagobert 1er (629-639) que l'apogée dynastique est atteinte car il réussit à réunifier le Royaume à partir de la Neustrie. Il stabilise aussi les frontières, soumet les Bretons et les Frisons au Nord puis réorganise l'administration. Il fait enfin construire une abbaye sur l'emplacement du martyre de Saint Denis afin de s'y faire enterrer.

La période qui suit est marquée à nouveau par les partages successoraux et par les règnes de rois incapables de s'imposer : ce sont les rois fainéants. Les maires des palais chargés de gérer leurs domaines, confisquent peu à peu le pouvoir et s'affrontent.

Le haut Moyen-Age (2) :
les Pippinides aux Carolingiens

Les maires du palais appelés désormais princes, accumulent l'ensemble des pouvoirs : gestion du fisc, des domaines royaux, de l'armée. Inévitablement, ils s'affrontent et la victoire de l'un d'eux, Pépin de Herstal, maire du Palais d'Austrasie, sur son rival de Neustrie lui permet d'imposer sa lignée, celle des Pippinides (futurs Carolingiens). À sa mort en 714, il ne laisse qu'un fils bâtard, Charles, qui réunit les deux autres royaumes et obtient le titre de « Prince des Francs », théoriquement sous l'autorité du roi mérovingien Thierry IV.

Il défend le royaume menacé par les Arabes et les arrête à Poitiers en 732. Cette victoire lui vaut l'admiration de l'Occident et le surnom de 'Martel'. Sa cavalerie est réputée invincible grâce à l'usage de l'étrier. Lorsque Thierry IV meurt en 737, Charles est de fait le nouveau roi. Il

Gisant de Carloman (867-884). Basilique de Saint-Denis (Seine-Saint-Denis).

partage en 741 son royaume entre ses deux fils, Pépin le Bref et Carloman, ce qui provoque des troubles. Carloman se retire finalement dans un monastère et Pépin se fait alors élire puis sacrer roi à Soissons en 751 puis en 754 à St-Denis en présence du Pape : il est désormais « roi par la grâce de Dieu ». Il pacifie son territoire, s'impose en Occident chrétien, et réforme la monnaie, le denier d'argent devenant la monnaie d'Europe pour cinq siècles.

À sa mort en 768, ses deux fils lui succèdent mais l'un d'eux meurt en 771 et le survivant Charles peut devenir Carolus Magnus ou Charlemagne. Selon Eginhard, son biographe, cet homme robuste (1m 92) accumule les conquêtes dominant ainsi une grande partie de l'Europe jusqu'à la Saxe, même s'il connaît des revers comme à Roncevaux en 778 quand Roland, comte de Bretagne, est tué par des Basques. L'apogée du règne est marqué par le couronnement de

Charlemagne visite les écoles (782-814).

Crypte de Saint-Médard à Soissons (Aisne).

Charlemagne comme Empereur à Rome par le Pape Léon III le jour de Noël 800. Il devient ainsi l'héritier de l'Empire romain d'Occident. Il réorganise son empire notamment par l'envoi des Missi Dominici, des inspecteurs surveillant les comtes, seigneurs locaux.

Un seul de ses fils, Louis le Pieux, est vivant à sa mort, mais l'Empire devient vite l'enjeu de luttes entre ses propres héritiers. En 840, à sa mort, son fils Lothaire devient empereur et réclame la totalité de l'héritage. Ses deux frères le contraignent à la négociation après la défaite de Fontenoy (841). En août 843, le traité de Verdun est signé. L'Empire carolingien est divisé en trois : à l'Ouest, pour Charles le Chauve un royaume constituant la future France, au centre pour Lothaire, l'Empire avec Aix-la-Chapelle, capitale de Charlemagne, et enfin l'est pour Louis. À la mort de Lothaire, son royaume est partagé entre ses trois fils : l'Empire de Charlemagne, qui avait permis la Renaissance de l'Occident, est divisé en cinq royaumes. Peu à peu, les successions complexes, des rois peu charismatiques, les attaques d'ennemis comme les Normands et les Sarrasins achèvent de déliter l'unité de l'Occident chrétien en principautés.

Charles le Chauve (840-871)

Le Moyen-Age classique :
les premiers capétiens, la féodalité

Lorsqu'en 987, le dernier descendant de Charlemagne disparaît sans enfant, les seigneurs élisent roi le plus puissant d'entre eux : Hugues Capet, duc de France qui domine un territoire important entre Seine et Loire. Pourtant son pouvoir est limité par la puissance des autres princes. Il jouit d'un plus grand prestige car il est sacré à Noyon et oint de Dieu. Cet avantage constitue la base du pouvoir de la dynastie capétienne ce qui lui permet de s'imposer face à la société féodale.

La féodalité est le fondement de la vie au Moyen-Age. Le seigneur est le propriétaire d'une terre : le fief, il en assure la sécurité tout en protégeant la population. Il détient le droit de ban, c'est-à-dire punir, commander et contraindre. Les paysans doivent des impôts comme la taille, et des corvées comme l'entretien des terres du seigneur. La seigneurie est donc un espace économique fondamental divisé en une réserve, les terres réservées par le seigneur pour son usage, et les tenures, les exploitations des paysans détenues en échange d'autres redevances : fixes comme le cens versé en nature et/ou en argent, ou proportionnelles aux récoltes comme le champart.

La domination du seigneur, affirmée par une motte ou un château fort, est lourde sur ses paysans eux-mêmes divisés en libres, les vilains et non-libres, les serfs qui appartiennent à la terre qu'ils occupent, donc au seigneur et qui doivent payer davantage de redevances encore comme le chevage, en vertu de leur condition de serf. Vers l'an Mil, 90 % de la population vit dans des villages isolés les uns des autres par des forêts importantes. La cloche de l'église du village rythme la vie des paysans.

Le système féodal est fondé sur le serment, la fidélité entre hommes. En effet,

Ci-dessus : L'enceinte fortifiée de Coucy-le-Château (Aisne).
Ci-dessous et page de gauche : Broderie de la reine Mathilde dite *Tapisserie de Bayeux*, centre Guillaume le Conquérant à Bayeux (Calvados), le château de Rennes - fin XIeme siècle. © ville de Bayeux.

le seigneur a besoin d'alliés pour protéger sa seigneurie. Il fait pour cela appel à des vassaux, des guerriers armés entrés à son service par la cérémonie de l'hommage divisée en trois moments : l'hommage proprement dit, le vassal à genoux met ses mains dans celles de son seigneur puis se relève et les deux hommes échangent un baiser, puis vient le serment de fidélité, enfin, lors de l'investiture, le seigneur donne un coup de bâton ou d'épée au vassal et une motte de terre qui représente le fief que le vassal reçoit en échange de son allégeance.

Se constituent ainsi des réseaux de fidélités entre seigneurs et vassaux compliqués davantage par les héritages faisant qu'un fils de vassal peut ne pas se sentir d'obligations pour l'ancien seigneur de son père, d'autant plus s'il peut devenir vassal lui-même d'un seigneur encore plus puissant. Il se crée donc une pyramide de fidélités au sommet de laquelle se situe le roi, le suzerain, vassal de personne.

LE MOYEN-AGE CLASSIQUE

Vivre au Moyen-Age

La société est chrétienne et l'Église mène les hommes vers Dieu en imposant ses règles : baptême, confession, carême, communion, mais aussi trêve de Dieu (interdiction de combattre du mercredi soir au lundi matin) et paix de Dieu (interdiction d'attaquer toute personne incapable de se défendre). En échange de la dîme, (un 10ème des récoltes), l'Église instruit dans la foi chrétienne les fidèles et organise la charité tout en s'assurant de lutter contre les hérétiques et les sorcières tout en développant la peur du diable.

Le système féodal donne à chacun sa condition : Adalbéron, évêque de Laon de 977 à 1030, définit ainsi la société divisée en trois ordres : 'ceux qui prient, ceux qui combattent et ceux qui travaillent'. Les clercs sont divisés en deux groupes : d'abord les clercs séculiers qui vivent dans « le siècle » au contact des laïcs, puis les réguliers qui vivent dans des monastères selon une règle comme les Cisterciens qui selon la règle de St Benoît mènent une vie austère faite de prière et de travaux manuels. Les évêques surveillent l'activité de leur diocèse et suivent les directives données par les papes.

Ensuite, les chevaliers constituent le second ordre de la société. Par la cérémonie d'adoubement, le jeune homme reçoit ses armes et son cheval,

Ambrogio da Fossano dit BORGOGNONE, *La Tentation de saint Benoît* (XVème),
© M.b.a. de Nantes, Loire-Atlantique.

Ci-contre : *Saint-Georges terrassant le dragon* par Carpaccio.

Ci-dessous : Les Très Riches Heures du duc de Berry.

Ci-dessous à droite : la maison d'Adam à Angers (Maine-et-Loire)
(photo Thérèse Leguay).

participe alors aux tournois, à la chasse et à la guerre. Il peut aussi faire la cour aux dames, selon les règles de la courtoisie. Peu à peu cette chevalerie se limite aux fils de chevaliers et se transforme en noblesse.

La majorité de la population est paysanne et vit selon des rythmes immuables. La vie dans les campagnes évolue néanmoins grâce à des progrès techniques importants : moulins à eau et à vent, la charrue, le collier d'épaule qui n'étrangle plus la bête de trait, la jachère qui permet de meilleurs rendements en reposant une partie des terres selon l'assolement triennal. Le servage disparaît peu à peu. Mieux nourrie, la population croît ce qui a deux conséquences principales : d'abord, les grands défrichements où les seigneurs attirent des paysans en leur garantissant des avantages par des franchises pour mettre en valeur des espaces forestiers ; ensuite les villes, longtemps abandonnées, se repeuplent et deviennent des centres actifs d'échanges comme celles des foires de Champagne (Provins, Bar sur Aube…) devenues des lieux de passage entre le Nord et le Sud de l'Europe. Les villes se protègent également par la construction de remparts puissants mais elles sont sales et gardent mauvaise réputation car elles attirent les délinquants, les jeunes… Les bourgeois dominent la vie urbaine et obtiennent souvent du prince ou du roi une charte donnant à la ville des privilèges et une relative indépendance.

VIVRE AU MOYEN-AGE

Deux Rois qui ont fait la France au Moyen-Age :
Philippe II Auguste et Saint Louis

Au 12ème siècle, le royaume de France s'étend jusqu'au Rhône et la Saône, mais le pouvoir réel du roi est limité à son domaine en Ile-de-France. Les grands seigneurs se partagent le reste. La tâche des Capétiens a donc été d'étendre le domaine royal afin de s'imposer totalement. Plusieurs stratégies ont été appliquées : des mariages, des achats, des conquêtes, une meilleure administration… Deux rois ont particulièrement réussi.

Philippe II Auguste accède au trône en 1180 et décide d'appliquer la théorie de la monarchie féodale développée par Suger, l'Abbé de St-Denis. Ainsi, le roi domine car il est sacré. Philippe se rapproche d'Henri Plantagenêt, roi d'Angleterre, puis de son fils Richard Cœur de Lion avec lequel il part en croisade en 1190 pour protéger la Terre Sainte des musulmans. Richard, fait prisonnier, Philippe soutient son frère Jean sans Terre qui devient son vassal pour ses terres françaises. En effet, il possède de nombreux territoires en France, grâce à leur mère Aliénor d'Aquitaine. Or Jean fait assassiner son neveu Arthur de Bretagne. Philippe lui confisque la Normandie, l'Anjou et le Poitou à la suite d'une longue guerre gagnée à Bouvines en 1214. Cette bataille permet la naissance de la conscience nationale française car elle regroupait de nombreux princes européens contre le roi de France. La monarchie capétienne est désormais

Fondations du Louvre bâties sous Philippe Auguste.

Le château de Vincennes (Val-de-Marne), largement modifié par les successeurs de saint Louis.

inexpugnable et héréditaire puisqu'à la mort de Philippe Auguste en 1223 son fils Louis VIII lui succède avant d'être sacré.

En 1226, Louis IX, dit St Louis, arrive au pouvoir à 12 ans seulement. Sa mère Blanche de Castille assure la Régence. Devenu majeur, Louis poursuit les guerres féodales en intégrant l'Aquitaine et élimine les hérétiques, notamment les Cathares dans le sud jusqu'en 1244 avec la prise du château de Montségur. Il part alors en croisade (la 7ème) en 1248. Il débarque en Egypte où ses troupes sont décimées par la peste. Il est fait prisonnier et doit verser une rançon considérable pour sa libération et celle de ses barons. Rentré en 1254, il renforce son administration : en 1262 il ordonne que sa monnaie d'or ait cours dans tout le royaume. Le roi devient « empereur en son royaume » : il n'a donc aucun seigneur capable de le concurrencer. En 1270, il décide de repartir en croisade mais il meurt le 25 août à Tunis laissant le trône à son fils Philippe III le Hardi. Grâce à son long règne Louis IX devient St Louis, le roi juste et saint. Le 13ème siècle est à bien des égards un beau siècle, marqué par une relative stabilité politique, un accroissement économique considérable et l'apogée de l'art gothique avec la Sainte Chapelle.

Vitrail de saint Louis, cathédrale Notre-Dame-la-Grande à Poitiers (Vienne), XIXème siècle.

Les malheurs des 14ème et 15ème siècles :
« De la famine, de la peste, de la guerre délivre-nous Seigneur »

Un refroidissement du climat dès le début du 14ème siècle cause des hivers rigoureux suivis d'étés pluvieux qui limitent les récoltes et provoquent des disettes et des famines. Les populations sont moins bien nourries et plus sensibles aux maladies, d'autant plus quand la peste réapparaît en Occident. Arrivée d'Orient par bateau elle se répand depuis Marseille affectant toute la France et l'Europe dès 1348. C'est la Peste Noire transmise par la puce du rat causant la mort en deux semaines environ. La France perd ainsi le tiers de sa population passant de 18 à 12 millions environ. Les populations désemparées cherchent des responsables aux malheurs du temps : les juifs, les lépreux sont visés. Des flagellants parcourent les routes et annoncent l'Apocalypse. Les villes se vident et dans les campagnes dépeuplées, les paysans revendiquent de nouveaux droits. Les jacqueries de 1358 ou révoltes paysannes montrent que les seigneurs ont perdu du pouvoir. Pourtant les survivants ont une vie meilleure car la valeur de leur travail s'accroît et leur alimentation devient plus variée.

S'ajoute une double crise politique. D'abord, c'est celle de l'Église car depuis 1309, les Papes sont installés à Avignon et entre 1378 et 1417, deux voire trois papes (Avignon, Rome, Pise) se disputent le commandement de l'Église durant le Grand Schisme. C'est aussi le conflit le plus long du Moyen-Age entre deux États en gestation, les Royaumes de France et d'Angleterre. Philippe IV le Bel, petit-fils de St Louis meurt en 1314 laissant un royaume très puissant. Pourtant en 1328, son dernier fils Charles IV meurt sans héritier mâle. Les seigneurs de France décident de donner le pouvoir au cousin du roi, Philippe VI de Valois. Le roi d'Angleterre, Edouard III, petit-fils de Philippe le Bel par sa mère Isabelle, prétend être l'héritier légitime du trône. La Guerre de Cent Ans commence alors. Les Anglais remportent d'abord victoires sur victoires :

Charles VII en prière. Jeanne d'Arc amenée à Chinon. Jeanne d'Arc dirigeant un siège. D'après des miniatures des « Vigiles de Charles VII » de Martial d'Auvergne, 1484. Manuscrit conservé à la BnF. Chromolithographie extraite du livre de Wallon.

lippe le Bel (1285-1314)

Crécy en 1346, Calais en 1347. Les années 1380 à 1430 sont parmi les plus dures, Charles VI sombre dans la folie en 1392 et le royaume dans la guerre civile. Le roi d'Angleterre Henri V en profite pour annexer la Normandie et bat l'armée française en 1415 à Azincourt. Le dauphin, Charles VII héritier du trône, ne peut compter que sur l'intervention d'une jeune fille, Jeanne, pour délivrer Orléans et lui permettre d'être sacré à Reims en 1429. La situation se retourne malgré le supplice de Jeanne d'Arc sur le bûcher en 1431. Les Anglais sont enfin chassés du pays en 1453. En 1475, la paix de Picquigny est signée par Louis XI qui se tourne vers la Bourgogne et l'ajoute à la France en se débarrassant en 1477 d'un concurrent redoutable Charles le Téméraire, duc de Bourgogne.

Carte de la France vers 1430

Humanisme et Renaissance en France :
une nouvelle vision du monde

L'humanisme est un mouvement intellectuel des 15ème et 16ème siècles qui s'inspire des auteurs de l'Antiquité et se consacre à l'étude de l'Homme et de la nature. Il s'agit d'une rupture essentielle dans la pensée : l'homme se libère du cadre strict imposé par la religion. Dès lors, tout peut être mis en doute ce qui implique de nouvelles méthodes de réflexion plus rationnelles accompagnées de nouvelles inventions (imprimerie de Gutenberg vers 1440) et de grandes découvertes (Amérique en 1492). Cette Renaissance se fait dans plusieurs foyers, surtout en Italie et en France avec des intellectuels comme Rabelais qui propose dans *Pantagruel* un programme complet d'éducation humaniste.

La France de la Renaissance s'incarne avant tout en François Ier à la tête en 1515 d'un royaume de 465 000 km² peuplé de 18 millions d'habitants environ. Le roi réunit autour de lui les princes dans une cour qui se déplace de châteaux en châteaux dans la vallée de la Loire (Chambord, Blois) puis à Fontainebleau après 1528. C'est un grand mécène qui attire en France les grands maîtres italiens comme Léonard de Vinci, ou qui protège des artistes français comme François Clouet qui a d'ailleurs peint le portrait

Ci-dessous : Vitrail de la Sainte Chapelle de Vincennes (Val-de-Marne) représentant François 1er en prière.
En bas à gauche : Catherine de Médicis (1519-1589). Musée d'Écouen (Val d'Oise).

d'un roi « gaillard, affable et de bonne grâce » comme le décrit aussi le chevalier Brantôme. Il voulut également que la France participât aux grandes découvertes du monde et poussa en 1534 le Malouin Jacques Cartier à découvrir de nouvelles terres. Au nom du roi, il prit possession de Terre-Neuve et de l'estuaire du St Laurent au Canada. Enfin, avec l'édit de Villers-Cotterêts en 1539, le français, langue officielle de l'administration, remplace le latin.

Pourtant les guerres se poursuivent. Les ambitions européennes de François Ier commencent bien avec la victoire de Marignan en 1515 en Italie contre les Suisses mais il se heurte très vite à Charles Quint de Habsbourg, Empereur

Façade des Loges du château de Blois (Loir-et-Cher).

germanique, roi d'Espagne, de Sicile, prince des Pays-Bas, qui le fait prisonnier à Pavie en 1525. La lutte continue jusqu'à la mort d'abord de François en 1547 puis de Charles Quint en 1558 qui permet à Henri II, le nouveau roi de signer la paix de Cateau-Cambresis en avril 1559 par lequel la France renonce aux prétentions italiennes mais récupère Calais et les Trois-évêchés de Metz, Toul et Verdun. Marié à Catherine de Médicis férue des prédictions de Nostradamus, Henri est amoureux de Diane de Poitiers qui a auprès de lui une grande influence notamment en poussant à la persécution des protestants. Le roi meurt prématurément le 10 juillet 1559 après avoir été blessé dans un tournoi, l'œil transpercé par la lance de son adversaire. Son fils, François II, maladif, n'a que quinze ans : la France entre dans une nouvelle période de troubles.

Galerie François Ier du château de Fontainebleau (Seine-et-Marne).

HUMANISME ET RENAISSANCE

Les guerres de religion
et l'affirmation de l'État

Face aux abus de certains hommes d'Église vivant comme des princes ou d'autres n'ayant aucune formation chrétienne, Martin Luther, moine et professeur allemand publie en 1517 les *Quatre-vingt-quinze propositions*. Cela provoque la colère de l'Église. En 1559, les protestants sont bien implantés en France car la Réforme semble apporter aux classes populaires une réponse à la misère de leur condition, provoquant de fortes tensions avec les catholiques. Pour certains historiens, les guerres de religion seraient la conséquence d'un complot nobiliaire destiné à faire barrage et à contrôler une révolution sociale. Huit guerres de religion se sont succédé de 1562 au 13 avril 1598 quand fut promulgué l'Édit de Nantes par Henri IV.

Ainsi, chaque camp dominé par des grands du royaume était lié par le sang au roi : les réformés, avec à leur tête le Bourbon Louis, Prince de Condé ou les Coligny, et les catholiques avec pour eux la famille de Guise dont Charles cardinal de Lorraine qui contrôlait les finances du royaume. En mars 1560, une conjuration doit éloigner les Guises du pouvoir mais la trahison d'un conjuré permet la capture des factieux à Amboise où se tenait la cour : ils sont pendus et leurs corps exposés au public. À la mort de François II en décembre 1560, Catherine de Médicis assure la régence pour Charles IX âgé de 9 ans. Une tolérance civile est alors octroyée en 1562. Les Guises n'acceptent pas et se dirigent vers Paris massacrant sur leur passage des protestants qui se vengent à leur tour. François de Guise est assassiné permettant à Catherine de Médicis de rétablir l'autorité royale. Elle tente de consolider la paix fragile par des mariages comme celui de sa fille Marguerite (la reine Margot) avec le protestant Henri de Navarre. Pourtant, elle ordonne le 22 août d'éliminer le chef de la faction protestante, l'Amiral de Coligny à l'influence grandissante. Pendant deux jours jusqu'au 24, c'est la St-Barthélémy, environ 3 000 protestants sont massacrés à Paris.

Scène du massacre de la Saint-Barthélémy

Les protestants perdent confiance dans le pouvoir royal et s'organisent dans les villes qu'ils dominent comme Montauban et La Rochelle. Charles IX s'éteint en 1574 et son frère Henri III mène une politique modérée mais ambiguë de reconquête du pouvoir en condamnant la St-Barthélémy par l'édit de Beaulieu en 1576 tout en soutenant les catholiques regroupés dans La Ligue avec Henri de Guise, dit le Balafré. Il fait aussi assassiner le cardinal Charles de Guise en 1589 et se rapproche d'Henri de Navarre. Le roi est alors tué par un moine dominicain mais il avait eu le temps de désigner comme successeur Henri, descendant direct de saint Louis.

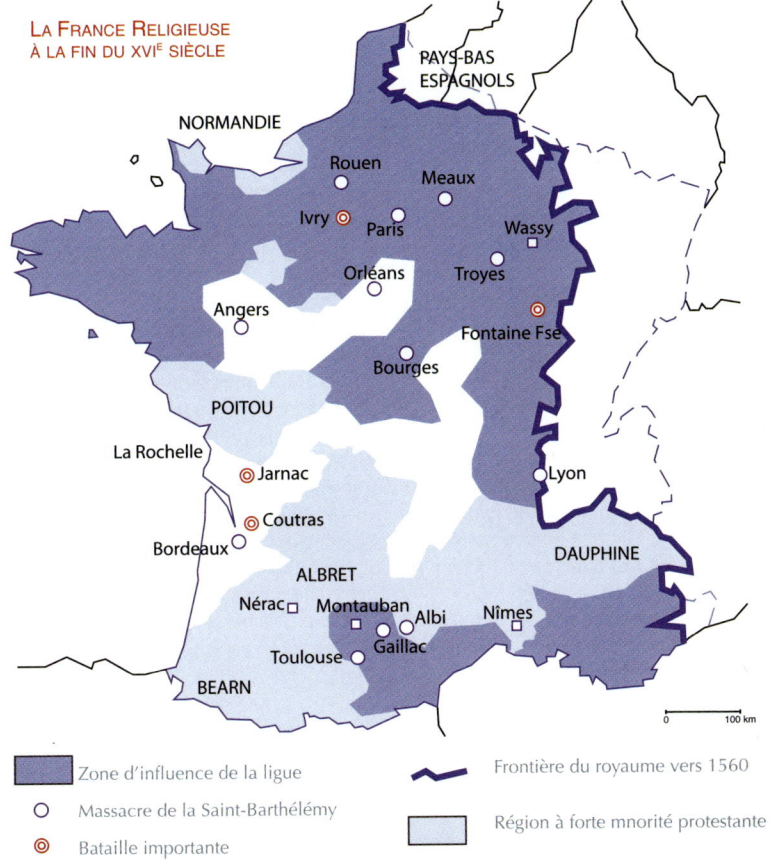

LA FRANCE RELIGIEUSE À LA FIN DU XVIᵉ SIÈCLE

- Zone d'influence de la ligue
- ○ Massacre de la Saint-Barthélémy
- ◎ Bataille importante
- Frontière du royaume vers 1560
- Région à forte mnorité protestante

LES GUERRES DE RELIGION

La reprise en main du royaume
et l'affirmation du pouvoir royal sous Henri IV et Louis XIII

Henri IV est à bien des égards le premier souverain absolu même si lors de son accession subite au trône la majorité des Français ne le reconnaissent pas encore comme leur roi et que la Ligue le combat ouvertement. La seule solution pour gagner la faveur populaire et rétablir l'ordre est d'abjurer le protestantisme le 25 juillet 1593, rendant possible son sacre à Chartres le 27 février 1594. En 1598, Henri IV réussit à faire accepter l'Edit de Nantes qui affirme la liberté de conscience et l'exercice du culte protestant admis avec des restrictions, notamment à Paris où il reste interdit.

La France est ruinée, des révoltes éclatent comme celle des croquants du Périgord, aussi Henri IV relance la vie économique en allégeant la taille. Il s'entoure de conseillers compétents comme Olivier de Serres qui publie en 1600 un *Traité d'Agriculture* pour bien gérer une exploitation. Quoique protestant le duc de Sully, surintendant des finances, gère efficacement les dossiers et permet l'instauration en 1604 de la Paulette, un droit annuel permettant l'hérédité des offices des officiers royaux ainsi fidélisés. Le royaume est agrandi notamment sur la rive gauche du Rhône.

Henri IV est pourtant assassiné par Ravaillac à Paris le 14 mai 1610. La régence est confiée à sa seconde épouse, Marie de Médicis, mère de Louis XIII âgé de 9 ans. La voie est ouverte à toutes les intrigues. Les Grands du royaume s'agitent à nouveau. Louis XIII est marié à Anne d'Autriche en 1615 montrant le rapprochement de la France avec les Habsbourg et bien que majeur, il laisse Concini, le conseiller de sa mère, diriger les affaires du pays. Ce dernier s'entoure d'hommes nouveaux comme l'évêque de Luçon, Armand du Plessis de Richelieu. En 1617, Louis XIII élimine Concini par un « coup de majesté » et écarte du pouvoir Anne d'Autriche et Richelieu, qui revient pourtant aux affaires en 1624, promu cardinal en 1622 et désormais « Principal Ministre ».

Le problème protestant reste entier, aggravé par la Guerre de Trente Ans qui ravage l'Europe. Richelieu et Louis XIII s'emparent en 1628 de La Rochelle protestante, victoire suivie d'un édit de grâce qui

Statue de Henri IV. Château de Pau (Pyrénées-Atlantiques).

Louis XIII

Henri IV à la bataille d'Arques. Château de Pau (Pyrénées-Atlantiques).
Gravure page de gauche : L'assassinat de Henri IV en 1610.

montre Louis XIII comme un roi Juste. La lutte contre les Habsbourg d'Espagne reprend en 1630 à un moment où Richelieu est en situation délicate devant faire face à un complot ourdi par Marie de Médicis, lors de la Journée des Dupes les 10 et 11 novembre. La reine-mère s'exile à Cologne. Richelieu est alors libre d'agir et renforce le pouvoir royal. Il provoque des critiques et de nombreux complots à la fin du règne comme en 1642 celui du favori du roi Cinq-Mars. Richelieu meurt cette même année et est remplacé par Mazarin. Celui-ci après la mort de Louis XIII en 1643, dirige la France avec Anne d'Autriche, la mère du jeune Louis XIV âgé de cinq ans.

Le cardinal de Richelieu par Philippe de Champaine. Château de Versailles (Yvelines).

LA REPRISE EN MAIN DU ROYAUME

le 1er Louis XIV :
d'un début de règne difficile au « Roi-Soleil » (1643-1685)

Pendant la minorité du jeune Louis XIV, le royaume est traversé par des troubles appelés « la Fronde ». C'est d'abord une Fronde des parlementaires qui en 1648-49 refusent certains impôts et luttent contre l'absolutisme. En janvier 1649, en pleine nuit, le jeune Louis doit fuir Paris. Puis les Grands et la noblesse font sédition à leur tour alors que des révoltes populaires ensanglantent le pays. La Fronde peut être interprétée comme les dernières résistances des solidarités anciennes face à l'extension du pouvoir royal à un moment où il est affaibli par la Régence. En décembre 1650, les deux Frondes s'unissent. Mazarin doit fuir. L'anarchie est alors à son comble. Mazarin continue de régner par l'intermédiaire de la Régente et Louis XIV peut enfin prendre le pouvoir après l'élimination du chef de la Fronde, Condé.

Le traité des Pyrénées du 7 novembre 1659 garantit le mariage avec l'Infante Marie-Thérèse : Louis XIV renonce aux droits de succession d'Espagne contre le paiement d'une dot de 500 000 écus d'or. Mazarin tient à cette clause car l'Espagne ne peut pas payer, la France conserve donc ses droits sur la couronne d'Espagne.

À la mort de Mazarin en 1661, Louis XIV décide de ne pas prendre de nouveau ministre. Il se sentait « roi et né pour l'être » selon ses *Mémoires*. Son long règne personnel de 54 ans marque l'apogée de l'absolutisme. Le roi dispose de tous les pouvoirs : il est législateur, justicier, décide de la paix et de la guerre, fait battre monnaie et lever les impôts, anoblit. Il est roi de droit divin, puisque Dieu l'a décidé et l'a établi comme son représentant sur Terre. Il réalise en sa personne l'unité des trois ordres du royaume : clergé, noblesse et tiers-état.

Ci-dessus : Entrée de la Galerie des Glaces, côté salon de la Guerre.

Ci-contre : Sculpture de Colbert par Antoine Coysevox, située dans le chœur de l'église Saint-Eustache, Paris.

Le roi est constamment en représentation : son lever, son coucher, sa toilette sont des cérémonies : c'est le « dur métier de roi ». Toute cette mise en scène prend vie à Versailles où la cour s'installe définitivement en 1682.

Pourtant, le Roi-Soleil n'est pas un despote, un souverain qui règnerait avec une autorité arbitraire, car il est limité dans ses pouvoirs par les libertés et les privilèges des sujets, des villes, des provinces de son royaume. Il prend conseil mais il choisit lui-même ses conseillers, comme Colbert, un fils de bourgeois devenu gentilhomme qui est à l'origine de la réussite économique du règne. Il applique le mercantilisme, faisant entrer dans le royaume le plus d'or possible et développant compagnies commerciales et manufactures. Vauban pour sa part, est chargé de fortifier le royaume avec un glacis défensif sur toutes les frontières.

Ci-dessus : Le château de Versailles vu du haut du Tapis vert.

Ci-contre : Louis XIV par Rigaud. Musée du Louvre (Paris).

Louis XIV : une fin de règne difficile
(1684-1715)

La superbe du Roi-Soleil se ternit à partir des années 1680. D'abord la révocation de l'édit de Nantes le 18 octobre 1685 provoque la fuite de nombreux Huguenots (120 000 environ) vers les pays voisins comme la Suisse et le durcissement des puissances protestantes européennes contre Louis XIV. La Hollande devient le lieu d'impression des pamphlets contre le roi Très-Chrétien. Vauban qui s'insurge contre le sort réservé aux Huguenots tombe définitivement en disgrâce en 1706 après avoir publié son *Projet pour une Dîme royale*, dans lequel il préconisait aussi l'abolition des privilèges des nobles et l'impôt proportionnel.

La vie à la cour change également : Charlotte-Elisabeth de Bavière, Princesse Palatine laisse des Mémoires croustillants de la cour. Mariée au frère du roi Philippe d'Orléans, qui préfère la compagnie des jeunes hommes, elle critique ouvertement la maîtresse de Louis XIV, Mme de Maintenon qui a succédé à Mme de Montespan. Cette fin de règne est plus dévote comme le montrent les commandes de la cour à Racine avec *Athalie* en 1691 qui met en scène la victoire de Dieu sur un monde orgueilleux. Le contexte religieux de la fin du siècle est très tendu à cause du jansénisme, un mouvement religieux qui s'est développé dans l'Église catholique.

La galerie des Batailles célèbre les victoires de Louis XIV.
(Château de Versailles - Photo Didier Reuss).

Ci-dessus : le château de Versailles.
À gauche : Mme de Maintenon.

Les Jansénistes, comme Pascal, connu pour ses découvertes scientifiques (en 1642, la machine arithmétique), pensent que l'homme est corrompu et que Dieu n'accorde sa grâce à certains que par miséricorde abandonnant les autres par pure justice. Ces idées sont condamnées par le pape. En 1709, Louis XIV fait raser le couvent des religieuses de l'abbaye du Port-Royal, centre des idées jansénistes en France.

Cette fin de règne est aussi marquée par la mort de son fils héritier du trône et par les guerres : en 1688 commence la guerre de la ligue d'Augsbourg : les puissances européennes ne veulent pas que la Princesse Palatine puisse prétendre au trône du Palatinat qui est alors ravagé par les troupes françaises. La guerre s'achève en 1697 et de ses possessions la France ne garde que l'Alsace. Suit la guerre de succession d'Espagne (1701-1714) quand Louis XIV, en acceptant le testament du défunt roi d'Espagne de voir léguer le royaume à son petit-fils le duc d'Anjou ligue l'Europe entière contre lui. Le règne durait trop comme l'écrit un curé de campagne : « *Louis XIV, roi de France et de Navarre est mort le 1er septembre 1715, peu regretté de tout son royaume, à cause des sommes exorbitantes et des impôts si considérables qu'il a levés sur tous ses sujets. […] Il a été, pendant sa vie, si absolu qu'il a passé par-dessus toutes les lois pour faire sa volonté.* »

Racine

UNE FIN DE RÈGNE DIFFICILE

Le Beau 18ème :
un siècle de transformations (1715-1774)

En 1715 s'ouvre enfin un siècle nouveau. La monarchie change avec la Régence (1715-23) du duc d'Orléans car Louis XV, arrière-petit-fils de Louis XIV n'a que 5 ans. Le Régent est le chef de la polysynodie, sept conseils jouant le rôle des ministres. C'est le temps d'une cour festive qui se déplace au Palais Royal à Paris. Le royaume de 22 millions de sujets reprend vie lui aussi, même si la situation économique reste chaotique notamment avec la banqueroute du système Law. Le financier écossais veut annuler la dette colossale laissée par les guerres de Louis XIV mais la monnaie intérieure est insuffisante. Il lance des « billets d'État » adossés à une Compagnie commerciale qui assure le commerce extérieur du pays, celui des esclaves vers l'Amérique et des épices venant d'Asie. Pourtant ce système s'effondre en décembre 1720 en raison de la spéculation sur les actions de la compagnie dont les bénéfices tardent. Les billets sont multipliés et dévalués.

Majeur en 1723, Louis XV n'assure personnellement le pouvoir qu'à la mort de son principal ministre Fleury en 1743. Il laisse alors jouer les influences de ses favorites comme Madame de Pompadour, d'origine roturière. Par manque de rigueur,

Ci-dessus : Le duc d'Orléans.
Ci-dessous : Le Petit Trianon construit pour la marquise de Pompadour (château de Versailles).
Ci-contre : la marquise de Pompadour.

Le roi Louis XV à cheval. Tenture des Chasses de Louis XV tissée au Gobelins (1736-1746) pour le château de Compiègne (Oise) d'après Jean-Baptise Oudry.

le roi laisse peu à peu les contre-pouvoirs se renforcer, notamment les parlementaires, même s'il fait un coup de « Majesté » avec la réforme Maupeou de 1771 quand ce chancelier exile les parlementaires parisiens.

Parallèlement, la pensée politique évolue. Dès 1721, dans ses *Lettres Persanes*, Montesquieu critique la monarchie absolue, et les pouvoirs divins du roi. Voltaire, quant à lui, souhaite une monarchie tempérée. Ainsi, l'esprit critique des Lumières se répand et permet la naissance d'une opinion publique vers 1750. Les droits naturels tels la liberté, la vie, donnés par la nature à l'Homme et que nul ne peut prendre, sont mis en avant face à l'absolutisme. Enfin, l'ordre social divisé en trois ordres est attaqué par Beaumarchais dans le *Mariage de Figaro* (1784) : « *Noblesse, fortune, un rang, des places ! Qu'avez-vous fait pour tant de biens ? Vous vous êtes donné la peine de naître, et rien de plus* ». Les citadins sont les témoins privilégiés de toutes ces transformations, car à l'époque la ville est le lieu du mouvement, le laboratoire des transformations. La bourgeoisie, une catégorie sociale très hétérogène où se retrouvent les riches marchands, les officiers du roi et les financiers, domine ces villes et entend être reconnue à sa juste valeur car la fortune devient le principal critère social. Peu à peu, la société d'ordres se transforme en société de classes.

Louis XVI,
La Révolution et la fin de la Monarchie absolue (1774-1791)

Louis XVI est roi en 1774. La ferveur populaire est à son comble pour le jeune couple qu'il forme avec Marie-Antoinette d'Autriche, mais la conjoncture économique se retourne. Très vite la ferveur se transforme en déception et en haine, notamment pour l'Autrichienne, accusée dans les pamphlets de vider les caisses du royaume pour ses toilettes et ses excès rendus publics lors de l'affaire du collier en 1783 dans lequel pourtant la reine n'a eu aucun rôle.

Le hameau que Louis XVI fit construire à Marie-Antoinette, à Versailles.

Face aux évolutions sociales, la noblesse (1 à 2 % de la population) reste attachée à ses privilèges. Beaucoup de nobles ne supportent pas l'ascension sociale de cette bourgeoisie qu'ils méprisent. Cette réaction aristocratique bloque toute mobilité entre les ordres. La société se fige même pour les plus favorisés. Les tensions sociales sont de plus en plus fortes à un moment où les impôts sont très lourds.

En effet, la guerre d'Indépendance américaine (1776-1783) dans laquelle la France a soutenu les Insurgés américains contre la Grande-Bretagne a ruiné le pays. La dette est considérable et les contrôleurs généraux des finances successifs ne peuvent rien surtout quand les nobles sont hostiles à toute réforme, notamment celle de l'égalité devant l'impôt. Disette et chômage augmentent le mécontentement et des troubles éclatent en 1788. Louis XVI accepte alors la Réunion des États Généraux pour mai 1789 et demande la rédaction de cahiers de Doléances pendant l'hiver 1788-89 afin de connaître

Les États Généraux.

Hubert Robert, *La Bastille dans les premiers jours de sa démolition*, juillet 1789, Paris, musée Carnavalet.

les problèmes de son peuple. La question du vote par tête ou par ordre -ce dernier donnant la majorité aux privilégiés- rend très vite la situation intenable. Le 17 juin, les députés du tiers-état se proclament Assemblée Nationale et prêtent serment dans la salle du Jeu de Paume le 20. Le roi paraît céder devant ce coup de force mais il rassemble 20 000 hommes autour de Paris et de Versailles.

Le renvoi du contrôleur général, Necker, provoque une explosion populaire à Paris marquée par la prise de la Bastille le 14 juillet. La révolution s'étend à tout le pays : des châteaux sont incendiés. La Grande Peur se répand du 20 juillet au 6 août : une rumeur peut mettre le feu aux poudres.

Durant la nuit du 4 août 1789, les privilèges sont abolis, c'est la fin de l'Ancien Régime : il n'y a plus d'ordres, plus de dîme. La Déclaration des Droits de l'Homme et du Citoyen, publiée le 26 août, doit servir de base à la Constitution. Le 5 octobre, un cortège de 6 000 femmes arrive à Versailles pour réclamer du pain. Le 6, le roi et sa famille sont escortés jusqu'aux Tuileries à Paris. Le roi se considère comme prisonnier. La Fayette, héros de la guerre d'Amérique, lui propose ses services de conciliateur mais le roi prépare sa fuite pour rejoindre les troupes des princes alliés aux frontières. Le 21 juin 1791, la famille royale est arrêtée à Varennes. C'est le divorce entre le roi et la Nation.

La Monarchie constitutionnelle
et les débuts de la Convention (1791-1793)

La Constitution est adoptée en septembre 1791. Louis XVI a perdu la confiance et le respect de la majorité de son peuple. De nombreux patriotes demandent maintenant sa déchéance. L'idée de la République fait son apparition. À la colère s'ajoute la peur de l'invasion étrangère. Les difficultés économiques et sociales sont grandes. Les assignats, qui servaient de billets de banque, sont dévalués. Les difficultés politiques ne sont pas moins préoccupantes. L'Assemblée prend des décrets contre les émigrés ce qui inquiète les souverains européens qui attaquent la France le 20 avril 1792. L'armée française subit de graves revers car elle n'est pas prête. Des volontaires s'enrôlent tandis que, de toutes les provinces, les gardes nationales convergent sur Paris. Dans cette marche vers la capitale, les Marseillais entonnent un nouveau chant, le Chant de guerre de l'armée du Rhin (La Marseillaise). Lorsque le 1er août, est connu le manifeste de Brunswick menaçant la capitale de destruction, Paris bascule dans l'insurrection dans la nuit du 9 au 10 août 1792. Les Tuileries sont prises. Louis XVI et sa famille ont juste le

Le *Départ des Volontaires de 1792*, plus connu sous le nom de *La Marseill*
de François Rude, sur l'Arc de Triomphe de l'Étoile (Pa

Mausolée de Louis XVI et de Marie-Antoinette, basilique de Saint-Denis (Seine-Saint-Denis).

temps de se réfugier dans la salle de l'Assemblée qui vote la suspension de la royauté. La Commune de Paris fait interner le roi et les siens au Château du Temple.

Le 20 septembre 1792 le jour de la victoire de Valmy, une nouvelle Assemblée est élue pour rédiger une nouvelle constitution : la Convention. La République est proclamée le lendemain mais les partis s'opposent. Les Girondins sont modérés et s'inquiètent de la violence des sans-culottes, principalement des révolutionnaires parisiens ; les Montagnards ou Jacobins (Marat, Robespierre, Danton) sont plus radicaux et extrémistes et veulent s'allier aux sans-culottes. La Plaine ou Marais regroupe la majorité des indécis, ce sont des bourgeois qui préfèrent souvent s'allier aux Girondins. L'opposition est forte lors du procès du roi du 15 au 19 janvier 1793 : les Montagnards réclament la mort qui est votée à une courte majorité. Louis XVI est exécuté le 21 janvier Place de la Révolution, ce qui est considéré par les souverains européens comme un crime inacceptable. Leurs armées regroupées dans une grande coalition contre la France reprennent l'offensive (1er Février 1793). Au début du mois de mars 1793, la Vendée se révolte contre la Convention. C'est un échec, mais pour la première fois, la Révolution qui affirme représenter les intérêts du peuple se voit confrontée à une révolte populaire. Robespierre élimine les chefs girondins en juin 1793, les Montagnards dirigent alors le pays assiégé de toutes parts. Pour la République l'heure est venue de vaincre ou périr.

LA MONARCHIE CONSTITUTIONNELLE

De la Terreur au Directoire :
un difficile retour à l'ordre

La situation dramatique du pays conduit la Convention à mettre en place un régime d'exception, par un Comité de Salut Public (12 membres élus pour un mois) ayant autorité sur tout. Les mesures principales sont d'abord la Terreur ou toutes les mesures destinées à éliminer l'opposition, notamment par la Loi des Suspects, transférant tous les ennemis du peuple devant le Tribunal Révolutionnaire. Il y a plus de 16 000 condamnés à mort par guillotine, moyen « plus humain » de mettre à mort développé par le docteur Guillotin. La vente des Biens Nationaux confisqués à l'Église permet de financer la guerre et la Loi du Maximum bloque prix et salaires. Enfin un calendrier révolutionnaire est mis en place avec 12 mois de 30 jours divisés chacun en trois décades et adjoints de cinq jours complémentaires du 17 au 21 septembre (les 5 sans-culottides). La volonté de briser tous les vestiges de l'Ancien Régime est totale.

Sur le plan militaire, une nouvelle stratégie (attaquer aux points décisifs) et la force du tempérament des jeunes volontaires repoussent les forces coalisées. Robespierre fait exécuter ses adversaires : Marie-Antoinette (17 octobre 1793), les Girondins, Danton qui réclamait la fin de la Terreur. La Loi du 22 Prairial (10 juin 1794) qui permet de fonder l'acte d'accusation sur simple dénonciation le

Robespie[rre]

Les Girondins partant pour l'échafaud.

Pendant la Révolution, la Conciergerie (Paris) fit usage de prison dans laquelle séjournèrent notamment Marie-Antoinette, Robespierre et Danton.

fait apparaître de plus en plus comme un tyran. Le 4 février 1794, la Convention vote l'abolition de l'esclavage dans les colonies (rétabli par Bonaparte en 1802). Le 10 thermidor an II (28 juillet 1794), Robespierre est guillotiné à son tour sans jugement.

Après Thermidor, la bourgeoisie républicaine met fin à la Terreur et au Maximum. Il faut revenir au calme pour permettre la croissance économique. La Constitution du 22 août 1795 établit le suffrage censitaire et donne naissance au Directoire. Le pouvoir exécutif revient à cinq Directeurs, mais le régime est instable. Lors des élections pour renouveler les directeurs, les électeurs donnent la majorité soit à l'opposition jacobine, soit aux royalistes. Les partisans du Directoire organisent alors des coups d'État pour annuler ces élections ce qui les discrédite davantage. La guerre européenne continue mais elle est désormais marquée par les importantes victoires de Bonaparte : par le traité de Campo-Formio avec l'Autriche le 18 octobre 1797, la France annexe la Belgique et la rive gauche du Rhin. Les généraux prennent alors conscience de leur importance politique. Un nouveau coup d'État a lieu. Sous la pression des troupes de Paris commandées par Bonaparte, les Directeurs sont remplacés par trois Consuls (Sieyès, Ducos et Bonaparte) le 18 Brumaire An VIII (9 novembre 1799).

Le Consulat et l'Empire : 1799-1815

En décembre 1799, Bonaparte devient Premier Consul et concentre tous les pouvoirs. C'est la fin de la Révolution. Ses premières mesures sont de stabiliser le pays en centralisant l'administration, la justice et les finances (la Banque de France est créée en 1800, le Franc Germinal en 1803). Le Lycée en 1802 assure le recrutement et la formation de fonctionnaires capables, acquis au régime. Enfin le Code Civil en 1804 parachève ce nouveau système.

Il a ainsi bâti les « Masses de Granit ». Sa popularité grandit avec ses victoires politiques et militaires si bien qu'en 1802 il est nommé par plébiscite, consul à vie. La voie vers l'Empire est ouverte. La Constitution de l'An XII proclame Napoléon Bonaparte, Empereur des Français. Il est sacré par le pape Pie VII et se couronne lui-même le 2 décembre 1804 à Notre-Dame-de-Paris.

Le nouveau régime ressemble beaucoup à l'ancienne monarchie : c'est un régime autoritaire. La presse est censurée, l'opinion surveillée, les ouvriers contrôlés par un livret sans lequel ils ne peuvent changer d'emploi. Le début de l'Empire est marqué par de grands succès militaires contre les puissances coalisées comme la défaite à Austerlitz de l'armée austro-russe le 2 décembre 1805. En 1806 à Iéna, la Prusse est battue à son tour. L'Angleterre impose alors un blocus des côtes françaises et Napoléon réplique par un blocus continental le 21 novembre 1806 qui permet à la France d'écouler ses marchandises en Europe en éliminant la concurrence britannique. Pourtant, la situation économique devient difficile dès 1808 alors que Napoléon s'engage dans la campagne d'Espagne, où il se rend peu populaire comme le montre le tableau, *El 3 de Mayo*

Jacques-Louis David, *Le sacre de Napoléon*. Musée du Louvre (Paris).

Jacques-Louis David, *Le Premier Consul franchissant les Alpes au col du Grand Saint-Bernard*, 1801. Musée de Malmaison (Hauts-de-Seine).

du peintre Goya qui dénonce les exécutions sommaires des Madrilènes insurgés contre les Français. L'Empire atteint son extension maximale en 1810-1811 et domine la quasi-totalité de l'Europe continentale.

Peu à peu pourtant, dans les pays occupés, une conscience nationale apparaît et veut éliminer l'occupant français. C'est notamment le cas en Prusse où le philosophe Fichte défend la nation allemande, préfigurant ainsi l'unité de ce pays encore fortement divisé en de multiples territoires. En 1812, Napoléon se lance dans la campagne de Russie avec 700 000 hommes. Les Russes résistent et les armées napoléoniennes sont prises par l'hiver : la retraite est un désastre (environ 300 000 tués, blessés ou prisonniers). Napoléon se replie et évacue l'Allemagne en 1814, la France est à son tour envahie par les troupes des puissances européennes coalisées contre elle. Le 6 avril 1814, Napoléon abdique. L'île d'Elbe lui est attribuée comme terre d'exil.

La colonne Vendôme (Paris), revêtue du bronze des canons pris à Austerlitz.

L'Arc de Triomphe de l'Étoile (Paris).

LE CONSULAT ET L'EMPIRE

La Restauration
et la Monarchie de Juillet : 1815-1848

Louis XVIII, frère de Louis XVI, devient roi de France. Napoléon tente une dernière fois de reconquérir son trône perdu : ce sont les Cent-Jours du 20 mars au 20 juin 1815. Il est battu à Waterloo le 18 juin. Les Anglais l'exilent à Ste Hélène où il meurt le 5 mai 1821. La France et l'Europe sortent transformées par vingt années de guerre. Napoléon a exporté par ses conquêtes les idées de la Révolution française qui peu à peu ont mûri et ont donné aux populations européennes la conscience de leur liberté, c'est le début du sentiment national et des nationalités, soit l'existence ou la volonté d'existence en tant que nation d'un groupe d'hommes unis par une communauté de territoire, de langue, de traditions, d'idéaux etc.

La Restauration voit se succéder les deux frères de Louis XVI : Louis XVIII (mort en 1824) et Charles X. Elle est marquée par le retour du conservatisme des Bourbons malgré l'octroi d'une Charte garantissant certains droits. Charles X indemnise les émigrés rentrés en France par la loi du Milliard. Peu à peu les principes de la révolution sont bafoués et niés rendant le régime impopulaire. Du 27 au 29 Juillet 1830, le peuple se soulève à Paris, ce sont les Trois Glorieuses. Charles X abdique et est remplacé par son cousin Louis-Philippe d'Orléans, roi des Français. Il doit être un roi citoyen. Il rétablit les libertés, mais cette monarchie déçoit à la fois les Républicains car ils la jugent trop conservatrice et les légitimistes qui veulent le retour des Bourbons. C'est sous cette monarchie néanmoins que le romantisme atteint son apogée avec Hugo, Musset, Lamartine et que la France s'industrialise progressivement dans le cadre de la 1ère Révolution Industrielle

Louis XVIII présente son petit-neveu, le duc de Bordeaux. Château de Chambord (Loir-et-Cher).

Eugène Delacroix, *La Liberté guidant le peuple*. Musée du Louvre (Paris).
Ci-dessous : Louis-Philippe.

fondée sur le fer, le charbon et la vapeur.

La crise économique qui réapparaît dans les années 1840 accroît le mécontentement. La classe ouvrière est en pleine formation en cette première moitié du 19ème siècle. Elle n'est pas encore organisée mais subit de plein fouet les injustices liées à sa condition, surtout en période de crise. Ainsi, la criminalité, la prostitution, le suicide règnent dans ces classes laborieuses des grandes villes. Elles sont pour les autorités des classes dangereuses soumises à une étroite surveillance policière. Les ouvriers représentent le prolétariat comme l'a décrit Eugène Sue dans son roman à succès, *Les Mystères de Paris*, publié en feuilleton dans le Journal des débats de 1842 à 1843.

Alors qu'en Europe se développe un mouvement insurrectionnel, le Printemps des Peuples, une étincelle suffit en France pour déchaîner la foule en février 1848 : les réunions publiques et les banquets sont interdits par la police. La garde nationale se joint à la population le 23 février. La troupe est envoyée engendrant une insurrection. Paris se couvre à nouveau de barricades : Louis-Philippe abdique.

La Seconde République
et le Second Empire : 1848-1870

Lamartine à l'Hôtel de Ville de Paris, en 1848.

La Révolution de février 1848 impose le double retour de la République et du suffrage universel : rupture fondamentale du 19ème siècle. Un véritable esprit de 1848 se développe : c'est une période euphorique et le philosophe allemand Karl Marx y voit la première révolution prolétarienne au monde.

Le gouvernement provisoire est un compromis entre les différentes forces politiques en présence, des socialistes comme Louis Blanc ou l'ouvrier Albert, des républicains comme Lamartine et Ledru-Rollin. La République est proclamée le 25 février et affirme protéger les libertés : presse, réunion, abolition de la peine de mort et de l'esclavage le 27 avril. Le droit au travail est également proclamé, notamment pour lutter contre le chômage et le marasme économique hérités de la monarchie. Des Ateliers Nationaux sont créés afin de fournir des emplois, mais ils font affluer de nombreux pauvres à Paris. La situation devient vite explosive face à un bilan très négatif des Ateliers. Le 21 juin 1848, le gouvernement modéré élu depuis le mois d'avril décrète

Franz Xaver Winterhalter, *L'Impératrice Eugénie entourée de ses dames d'honneur* (1855), détail. Château de Compiègne (Oise).

leur dissolution. Il s'agit d'un moyen pour la bourgeoisie de reprendre la direction de la République.

Une insurrection soulève les classes populaires de Paris du 23 au 25 juin. La République est désormais conservatrice et bourgeoise. La plupart des mesures sociales sont annulées. Seul le suffrage universel est conservé par la Constitution mais les plus pauvres sont privés du droit de vote. Le prince Louis-Napoléon Bonaparte, neveu de l'Empereur, remporte les élections présidentielles en décembre.

Le prince-président doit asseoir son pouvoir. Étant en principe non rééligible, il doit se retirer à l'issue de son mandat. Il tente de faire réviser la Constitution mais, n'y parvenant pas, favorise la voie du coup d'État. Le 2 décembre 1851, date du sacre de son oncle, l'opposition est neutralisée. Un plébiscite légalise la dictature de Louis-Napoléon qui devient Napoléon III un an plus tard quand la Constitution de 1852 rétablit l'Empire. Le monde des affaires le soutient de même que les paysans. En effet, le souvenir de Napoléon 1er est fort et sa légende aide le nouveau régime.

A partir de 1860, le régime se libéralise, permettant le renouveau de

Musée du Second Empire, L'empereur Napoléon III, tapisserie des Gobelins d'après Winterhalter.

Théâtre du château de Fontainebleau (Seine-et-Marne) construit pour Napoléon III, par Lefuel.

l'opposition dirigée par le républicain Thiers. En 1864, le droit de grève est accordé puis à la fin des années 1860 la voie vers un empire parlementaire est ouverte. Mais la situation entre la France et la Prusse est tendue et un conflit éclate en 1870 marqué par la défaite de Sedan le 4 septembre. Napoléon III fuit en exil. La 3ème République est proclamée et doit faire face à la crise : les Prussiens ont pu avancer jusqu'aux portes de Paris et le moral du pays est anéanti par la défaite.

La France au 19ème siècle :
évolution économique et sociale

Le 19ème siècle est marqué par le phénomène de l'industrialisation de l'économie en Europe avec deux révolutions industrielles permettant de

transformer les méthodes de production grâce à des innovations techniques. Le cadre privilégié est l'usine. La France commence son industrialisation avec un peu de retard sur l'Angleterre, pionnière de la modernité. Les guerres napoléoniennes n'ont pas favorisé le décollage économique du pays.

En revanche, la France connaît sous le Second Empire une vigoureuse expansion marquée par le triomphe du capitalisme, à savoir la propriété privée des moyens de production par la classe sociale triomphante : la bourgeoisie. La conjoncture économique est favorable grâce à l'afflux d'or en provenance d'Australie ou de Californie. L'État soutient les idées nouvelles. Le crédit se généralise pour assurer des capitaux importants aux nouvelles industries comme celles de l'acier. Pour cela, de nouvelles banques apparaissent comme le Crédit Lyonnais en 1863. Les sociétés obtiennent des capitaux grâce à la vente d'actions cotées à la bourse de Paris.

Une révolution des transports a également lieu : le chemin de fer stimule l'économie et favorise les échanges entre régions. Les ports s'équipent pour ravitailler les bateaux à vapeur permettant une régularité plus grande dans les

Ci-dessus : Le grand escalier du nouvel Opéra construit par Charles Garnier à Paris, inauguré en 1875.

Ci-contre : la tour Eiffel construite pour l'Exposition universelle de 1889.

échanges maritimes, facilités eux-mêmes par l'abaissement des droits de douane comme le traité de libre-échange signé entre la France et l'Angleterre en 1860.

Il y a aussi la transformation des villes : Paris devient la Ville-Lumière avec les travaux dirigés par le Baron Haussmann, préfet de la Seine. De grandes artères sont percées dans d'anciens quartiers ouvriers. Les travaux sont gigantesques. Lorsque l'Empereur inaugure le boulevard Malesherbes en 1861, un arc de triomphe porte cette formule : « *Paris agrandi, Paris assaini, Paris embelli.* » Paris devient une ville moderne avec des égouts, un éclairage au gaz, des gares… C'est la ville de la nouvelle société industrielle. Paris reste néanmoins une ville du peuple, décrite par Zola, auteur naturaliste, dans le *Ventre de Paris*, où le quartier des Halles est peint avec la plus grande vérité. Les ouvriers se concentrent dans les quartiers situés à l'est, comme Belleville, Bercy…

De nouvelles activités apparaissent, permettant la montée des classes moyennes qui tentent d'imiter la bourgeoisie et qui veulent s'élever socialement grâce au conformisme tant religieux que social prôné par les élites. Ces nouveaux métiers sont ceux de l'administration, du journalisme ou encore les vendeurs des grands magasins comme Le Printemps fondé en 1865.

Le palais du Trocadéro construit pour l'Exposition universelle de 1878 (remplacé pour celle de 1937 par le bâtiment actuel).

Les échanges maritimes deviennent de plus en plus réguliers à la fin du XIXe siècle.

La France de la Belle Époque

La « Belle Époque » est un terme positif qui désigne la période de la fin du 19ème siècle à 1914. La croissance économique a provoqué une amélioration des conditions de vie, même pour les plus défavorisés, marquée par le progrès de l'hygiène et de la médecine grâce à Pasteur, des transports (métro parisien en 1898).

La 3ème République fondée en 1870 sur les ruines du Second Empire vaincu doit d'abord s'imposer dans des conditions difficiles. Elle cède l'Alsace-Lorraine et ses ressources naturelles (charbon, fer) à l'Allemagne par le traité de Versailles. Elle doit également lutter contre la Commune de Paris, une insurrection populaire et socialiste de la capitale après la défaite. Les communards sont écrasés en mai 1871. L'ordre est rétabli par Thiers, le chef du gouvernement.

La gare de l'Est, à Paris, au début du XXème siècle

La stabilisation du régime permet de recouvrer une prospérité économique importante de 1895 à 1914, une période de croissance économique faisant suite à 20 ans de dépression. La France se hisse même au sommet dans certains secteurs clés de l'industrie : 1er producteur mondial d'automobiles en 1913 avec 45 000 voitures produites. L'Empire et les investissements à l'étranger (notamment en Russie) sont des vecteurs de puissance. La conquête coloniale est presque achevée : la France possède le second empire colonial par la superficie derrière la Grande-Bretagne. Les colonies, des territoires n'ayant aucune autonomie, sont principalement situées en Afrique et en Asie.

La 3ème République semble triomphante avec une stabilité politique importante depuis la Constitution de 1875 et l'échec définitif des monarchistes en

Canon de la Commune aux barricades de la rue de Castiglione. Photographie Musée de Montmartre (Paris).

Une station de métro, dessinée par Guimard.

preuves impliquant un autre officier et lancent des actions pour disculper Dreyfus. Cette campagne divise la société française en deux camps : les Dreyfusards, favorables au capitaine injustement condamné et les Antidreyfusards pensant que l'honneur de l'armée, même en cas de faux jugement, doit être préservé à tout prix. En 1898, Emile Zola, au sommet de sa gloire, intervient alors avec *J'Accuse*, un pamphlet publié dans le journal L'Aurore, où il accuse directement des personnalités coupables à ses yeux du scandale le plus grave de la République qui apparaît corrompue. Le procès est révisé en 1906 et Dreyfus réhabilité.

Caricature de Caran d'Ache, parue dans *Le Figaro*, le 14 février 1898.

1879. Pourtant, la crise boulangiste entre 1887 et 1889 est très grave. Le général Boulanger est pressé de faire un coup d'État pour obtenir la revanche sur l'Allemagne. C'est pourtant un échec. La République doit aussi affronter l'affaire Dreyfus. Le capitaine d'artillerie juif Alfred Dreyfus est accusé d'espionner pour le compte de l'Allemagne. Son frère et des amis influents réussissent à réunir des

Surtout ne parlons pas de l'affaire Dreyfus !

... Ils en ont parlé...

La une de *L'Aurore*.

LA FRANCE DE LA BELLE EPOQUE

La 1ère Guerre Mondiale
(1914-1918)

Le nationalisme ainsi que l'idée de puissance développée par les réussites technologiques et industrielles mènent la France et l'Allemagne au premier conflit mondial en 1914, mettant ainsi fin à la Belle Époque.

Le 28 juin 1914, François Ferdinand l'archiduc héritier du trône d'Autriche-Hongrie, est assassiné à Sarajevo, capitale de la Bosnie-Herzégovine. L'Autriche accuse la Serbie d'avoir préparé l'attentat et attaque avec l'aide de l'Allemagne le 28 juillet 1914. Les deux puissances ne pensaient pas que les autres pays réagiraient. En quelques jours, le mécanisme des alliances, la peur de la puissance des ennemis potentiels entraînent l'Europe dans la guerre.

Alliée des Serbes, la Russie mobilise ses troupes le 30 juillet 1914 et l'Allemagne lui déclare la guerre, ainsi qu'à la France, alliée des Russes le 3 août. Le 4 août la Grande-Bretagne, après l'invasion par les Allemands de la Belgique, État neutre, entre en guerre.

En 1914, l'illusion d'une guerre courte est générale. La guerre doit être une guerre de mouvement appuyée sur l'infanterie, l'échec de l'offensive allemande à l'ouest, stoppée sur la Marne en septembre 1914 brise l'espoir d'une victoire rapide. L'équilibre des forces fige les armées le long d'un front étiré de la mer du Nord à la Suisse.

Il s'agit désormais d'une guerre de position : les soldats sont enterrés dans les tranchées. Les batailles comme celle de Verdun en 1916 sont acharnées et très dures. La guerre devient un brasier, une fournaise qui illumine la nuit au loin, mais aussi un charnier, où les cadavres mutilés pourrissent dans des champs d'obus et de boue. Les soldats français sont alors appelés des 'Poilus' car ils ne peuvent se raser. Leur moral est mis à rude épreuve. C'est une guerre d'usure.

Le général Nivelle à la tête de l'Armée française lance en avril 1917 une grande attaque sur les hauteurs du Chemin des Dames entre Soissons et Reims qui

Lanterne anglaise retrouvée dans la Somme. Collection particulière.

Les tranchées de Verdun (Meu Photo Collection particuli

échoue. Ce nouveau carnage inutile provoque la lassitude des soldats. En juin une vague de mutineries gagne les troupes et des soldats sont fusillés.

En 1918, les Allemands sont les premiers à relancer l'offensive menaçant Paris. Appuyé par les Américains entrés en guerre en avril 1917, Foch, commandant en chef des troupes alliées contre-attaque. Les puissances centrales à bout de forces s'effondrent alors : l'Autriche signe l'armistice le 3 novembre, l'Allemagne le 11 novembre 1918.

L'Europe, ruinée et remodelée, ne domine plus le monde. De plus dans les colonies, le prestige des métropoles est fortement altéré car elles ne sont plus invincibles. La France a perdu 1 358 000 hommes surtout jeunes, et tout le nord du pays est dévasté.

Le 24 octobre 1916, le fort de Douaumont fut repris par le régiment d'infanterie coloniale du Maroc, faisant partie des divisions Mangin. Ici entrée du fort.
Photographie Collection particulière.

L'entre-deux-guerres :
du traité de Versailles à Munich

La conférence de paix commence à Paris en janvier 1919. Les vaincus n'y participent pas. La France, en la personne de Clémenceau, veut faire payer l'Allemagne pour éviter toute nouvelle guerre. Le Traité de Versailles du 28 juin 1919 est donc accablant, un *Diktat* pour les Allemands.

Face aux horreurs de la guerre, la Der des Der, les années 1920, ou Années Folles, constituent une période d'euphorie. La France récupère l'Alsace-Lorraine et son empire colonial est agrandi avec le Cameroun pris à l'Allemagne. Pourtant, cet optimisme est superficiel car la France, comme les autres démocraties, est affaiblie économiquement et financièrement en raison du coût de la reconstruction.

La dénatalité est importante : les classes creuses de la guerre (morts aux

La basilique d'Albert (Somme) détruite pendant la première guere mondiale.

combats et chute de la natalité durant la guerre) impliquent un appel aux

Fêtes de la Victoire en 1919, à Paris.

pavillon du Cambodge - Exposition coloniale Paris, 1931. Collection particulière.

travailleurs immigrés. Ces étrangers viennent d'Europe du Sud et de l'Est mais aussi des colonies qui commencent à exiger des garanties pour leur indépendance future : le mythe de l'homme blanc et de sa civilisation supérieure disparaît peu à peu alors que la métropole renforce de son côté la mystique impériale comme facteur de puissance, notamment lors de l'Exposition Coloniale de Vincennes en 1931.

La vie politique est agitée : les partis s'opposent avec âpreté. La Gauche est divisée car depuis la révolution bolchevique russe de 1917, les communistes se sont séparés des socialistes jugés trop modérés.

Les Années 1930 se présentent sous de mauvais augures avec la crise de 1929 qui frappe le monde et la France dès 1931, aggravant le chômage. Incapables de trouver une solution, les gouvernements se succèdent. Après l'affaire Stavisky, du nom d'un escroc ayant eu des soutiens politiques, l'extrême-droite dénonce cette République corrompue, espérant l'installation d'un régime fasciste comme en Allemagne avec Hitler depuis 1933 et organise des manifestations le 6 février 1934 qui sont réprimées par la police.

La gauche décide alors de s'unir : c'est le Front Populaire qui obtient la majorité aux élections législatives de mai 1936. Léon Blum devient le chef du gouvernement. Comme Roosevelt aux États-Unis, il veut lutter contre la crise en améliorant le sort des ouvriers. Il fait décider et signer les Accords Matignon le 7 juin 1936 (semaine de 40 heures, deux semaines de congés payés par an). La droite l'accuse de mener la France au communisme. Pourtant, le Front Populaire s'enlisent dans les difficultés et l'union de la gauche se disloque.

La « une » de Gringoire : « nouvelles révélations sur l'affaire Stavisky ».

La situation internationale se détériore face aux agressions d'Hitler en Europe centrale. Daladier, le nouveau chef du gouvernement, signe avec lui les accords de Munich le 30 septembre 1938 et accroît encore les divisions politiques car la gauche dénonce les concessions faites à Hitler. Ainsi, la France est un pays démocratique affaibli par la crise, menacé par le fascisme qui semble devoir submerger l'Europe.

La Seconde Guerre mondiale,
la défaite et la collaboration de Vichy

La seconde guerre mondiale commence le 1er septembre 1939 quand l'Allemagne de Hitler envahit la Pologne. La France et la Grande-Bretagne lui déclarent la guerre mais Hitler n'attaque pas à l'ouest. L'armée franco-anglaise se bat contre le « Général Ennui » : c'est la « Drôle de Guerre ». La campagne de France par l'armée allemande commence le 10 mai 1940. Les Pays-Bas et la Belgique sont envahis. Le front français est percé à l'ouest de la Ligne Maginot, une ligne de fortifications sur la frontière est. Les armées alliées avancées en Belgique se trouvent encerclées par le Sud et doivent évacuer vers l'Angleterre par Dunkerque du 28 mai au 3 juin sous les bombardements allemands. Le 10 juin, l'Italie déclare la guerre aux Alliés, et le gouvernement français quitte Paris pour s'installer à Bordeaux. Paris est ville ouverte le 14 juin. C'est la débâcle marquée par le début de l'exode avec plus de huit millions de civils et de militaires sur les routes. La division du gouvernement sur l'attitude à adopter conduit à la nomination le 16 juin comme Président du Conseil du Maréchal Pétain, héros de Verdun, choisi car il veut la paix. L'armistice est alors signé le 22 juin 1940 à Rethondes.

Un seul homme n'accepte pas la défaite : c'est le Général de Gaulle. De Londres il lance l'appel du 18 juin 1940 : tous les Français qui le peuvent sont invités à le rejoindre pour continuer le combat. Rares sont pourtant ceux qui répondent à cet appel patriotique lancé sur les ondes de la BBC car de Gaulle est peu connu. Il est néanmoins à l'origine de la résistance extérieure et de la France libre.

Un nouveau régime politique, l'État Français, est mis en place par Laval et Pétain qui, à 84 ans, « *fait don de sa personne à la France* ». Installé à Vichy en zone libre, ce régime personnel se lance très vite dans la collaboration d'État avec

Ci-dessus : Pièce frappée sous le régime de Vichy. Avers : « Travail Famille, Patrie ». Revers : la francisque

Ci-contre : Scène de la vie quotidienne pendant l'Occupation. Photographie : Archives départementales de Côtes d'Armor.

l'occupant nazi après l'entrevue de Montoire du 24 octobre 1940. Pierre Laval, un fervent collaborationniste, veut faire de la France un État ami de l'Allemagne nazie. Pétain détient tous les pouvoirs et lance un réforme complète de l'État : c'est la Révolution Nationale avec la devise : Travail-Famille-Patrie. Avant même que l'occupant ne l'ait demandé, un 'Statut des Juifs' est adopté le 3 octobre 1940. Pétain n'apparaît déjà plus aux yeux de certains Français comme le rempart protecteur contre le nazisme. En 1943, face aux revers allemands, la zone libre de Vichy est occupée, la France devient un satellite allemand dirigé par Laval.

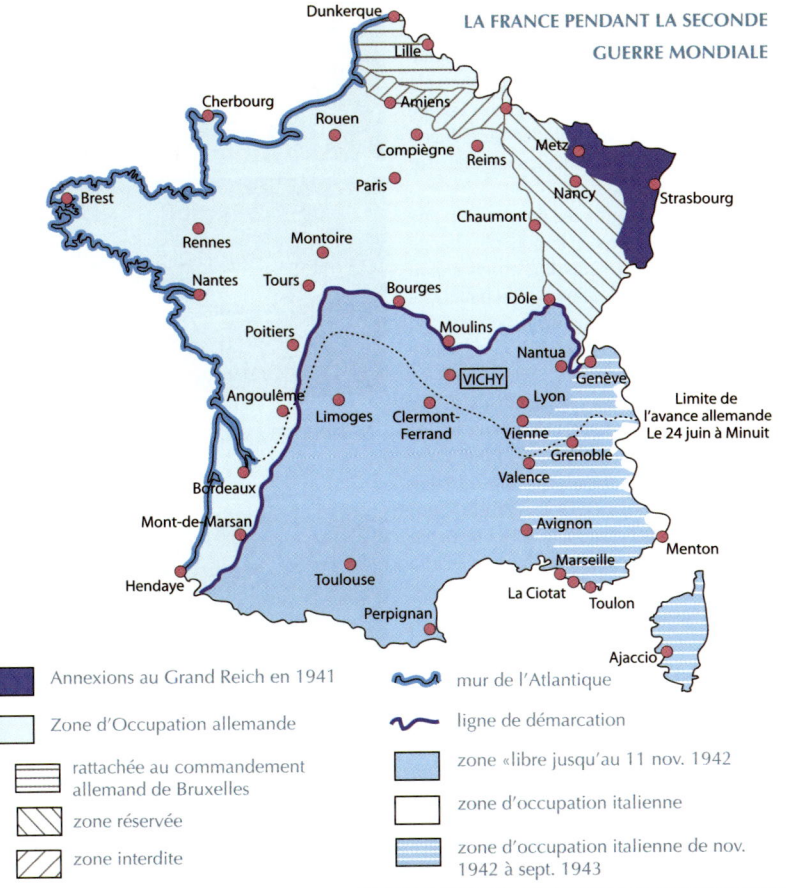

LA FRANCE PENDANT LA SECONDE GUERRE MONDIALE

La fin de la 2nde Guerre Mondiale
et l'installation d'une nouvelle République : 1944-1946

L'année 1944 marque un tournant pour la guerre en France avec le débarquement en Normandie du 6 juin. Les combats sont acharnés et les alliés sont aidés par la résistance française organisée jusqu'en 1943 par Jean Moulin. Les Alliés avancent vers la Bretagne et la Seine. Le 25 août 1944, Paris est libérée par la 2ème Division Blindée du Général Leclerc, et de Gaulle défile victorieux sur les Champs Elysées le 26.

La libération crée en France une situation difficile car le pouvoir change brusquement de mains. En l'absence d'un pouvoir légitime, de nouvelles habitudes se sont développées dans la population : le marché noir a permis à certains de profiter de la guerre, tandis que les collaborateurs étaient favorisés et les résistants pourchassés. Désormais, les FFI (Forces Françaises de l'Intérieur) perquisitionnent, réquisitionnent, arrêtent les « collabos ». Une grande peur excessive naît notamment dans une partie de la bourgeoisie pro-vichyste. C'est la période d'épuration incontrôlée (plus de 10 000 exécutions sommaires).

Le général de Gaulle préside le GPRF (Gouvernement Provisoire de la République Française) et multiplie les voyages en province pour rétablir l'autorité de l'État. Tandis que l'épuration entre dans sa phase légale avec les procès de Pétain en juillet-août 1945 et de Laval en octobre 1945, le débat politique porte

1- L'ancien camp de concentration du Struthof (Bas-Rhin).
2- Char américain - Ouvrage du Four à Chaux, ligne Maginot à Lembach (Bas-Rhin).
3- 6 juin 1944, les Alliés décident de franchir le « Mur de l'Atlantique ».

de Gaulle car ce dernier souhaite un pouvoir exécutif fort. Il démissionne le 20 janvier 1946.

La 4ème République naît sans grand enthousiasme en 1946, la nouvelle Constitution étant adoptée à une faible majorité. Sa tâche est considérable car le pays est largement ruiné après la guerre : l'occupant allemand a procédé à un véritable pillage des ressources françaises. Le rationnement doit être maintenu jusqu'en 1948 malgré l'aide financière et matérielle américaine du Plan Marshall envoyée aux pays d'Europe dès 1947 pour lutter contre la pauvreté. Opposés à ce plan, les communistes quittent le gouvernement. C'est la fin du Tripartisme.

De Gaulle et Leclerc devant Notre-Dame. Musée de la Préfecture de Police (Paris).

Scène de résistance en Bretagne. Photographie : Archives départementales de Côtes d'Armor.

essentiellement sur les institutions : faut-il rétablir la Constitution de la 3ème République ou en rédiger une nouvelle ?

Cette question est posée lors du référendum du 21 octobre 1945 auquel les femmes, ayant le droit de vote depuis le 22 avril 1944, participent. Une Assemblée constituante est élue le même jour où trois partis dominent : c'est le Tripartisme avec le Parti Communiste bénéficiant du prestige de l'URSS, la SFIO (Section Française de l'Internationale Ouvrière) avec Léon Blum et le MRP (Mouvement Républicain Populaire). La droite traditionnelle est encore assimilée à Vichy. Les relations se tendent rapidement entre l'Assemblée et

LA FIN DE LA 2nde GUERRE MONDIALE

La 4ème République,
un bilan mitigé terni par une décolonisation difficile : 1946-1958

La 4ème République connaît 23 gouvernements successifs en 12 ans. Les alliances sont fragiles car les partis s'allient uniquement pour sauver le régime et subissent les assauts des oppositions communiste et gaulliste.

Les communistes représentent environ 20 % des électeurs. C'est une période difficile car c'est celle de l'extension soviétique en Europe de l'Est et des pressions de Staline sur le bloc occidental pro-américain. Cela crée des agitations sociales et un durcissement idéologique du PCF dominé par Maurice Thorez. Créé en 1947, le RPF (Rassemblement du Peuple Français) devient aussi une force de contestation politique derrière de Gaulle qui en 1953, faute d'être entendu, entame une traversée du désert, et se retire de la vie politique. Face à eux la SFIO, le MRP (Mouvement Républicain Populaire) et les radicaux constituent la Troisième Force qui n'arrive pas à trouver de compromis durables sur les principaux problèmes du moment. L'un d'eux est la CED, la Communauté Européenne de Défense qui doit renforcer les liens entre les pays membres de la CECA (Communauté Européenne du Charbon et de l'Acier) fondée en 1951 autour du couple franco-allemand. La CED n'est pas ratifiée par les parlementaires français et est donc abandonnée en 1954. L'immobilisme et la paralysie progressive des institutions ne tardent pas car la seule réponse aux problèmes est la crise ministérielle : mis en minorité le gouvernement

Annam, porte d'entrée du Co mat. Ancienne colonie française (dans l'actuel Viêt-Nam).

démissionne.

La République doit aussi gérer une crise sociale. En Août 1953, une grève générale est lancée et immobilise le pays. En 1953 Pierre Poujade fonde son mouvement l'UDCA (Union de Défense des Commerçants et des Artisans) qui dénonce les contrôles fiscaux et les inspecteurs à la recherche d'erreurs ou de fraudes des petits commerçants. Le mouvement poujadiste prend de l'ampleur et devient véritablement politique en 1955 quand il dénonce l'État tentaculaire et l'abandon des territoires d'outre-mer.

En effet, la décolonisation française commence mal. Même si la Constitution de 1946 instaure l'Union Française et supprime le mot « Empire », l'autorité demeure toujours entièrement entre les mains du gouvernement de la France. Les anciennes colonies deviennent des départements et des territoires d'outre-mer mais ces réformes timides n'empêchent pas la guerre d'Indochine dès 1946 jusqu'en mai 1954 après la défaite française de Dien Bien Phu. La France doit alors gérer la contestation montante dans les colonies du Maghreb. Alors que la Tunisie et le Maroc obtiennent leur indépendance en 1956, la situation dégénère en Algérie.

Cette République si décriée a en réalité un bilan contrasté, où incertitudes

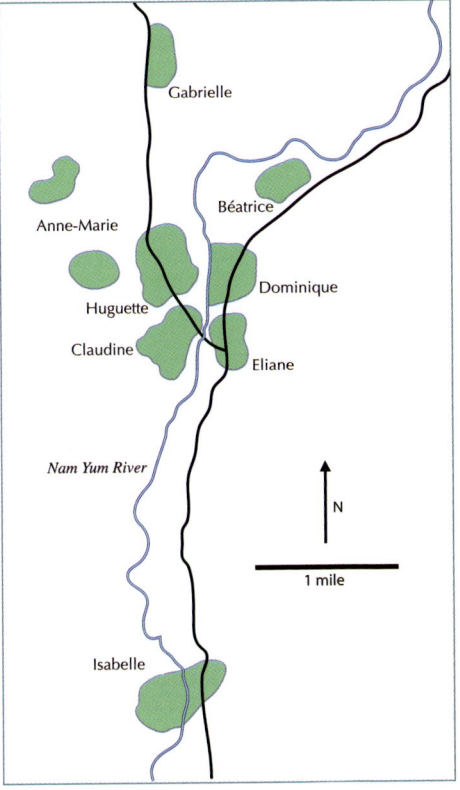

Plan du site de la bataille de Dien Bien Phu où les collines, fortifiées par les Français, portaient des prénoms féminins.

et angoisses alternent avec les succès, notamment économiques. Faute d'avoir une vision d'ensemble les hommes politiques ont réglé les problèmes un à un sans les maîtriser complètement.

L'avènement de la 5ème République
et le retour du général de Gaulle : 1958-1968

Le 8 février 1958 un jour de marché, les militaires bombardent le village tunisien de Sakhiet-Sidi-Youssef où se trouvait un camp d'entraînement du Front de Libération Nationale algérien (FLN) faisant 69 morts. Le gouvernement tunisien saisit l'ONU. Les gouvernements de la 4ème République sont débordés par les militaires et les événements d'Algérie. La France est également ruinée par le conflit. Le 15 mai 1958, de Gaulle se déclare prêt à assumer les pouvoirs de la République. Il est soutenu par les militaires d'Algérie qui croient qu'il défendra leur cause. Le 24 mai 1958, alors que de Gaulle attend que la République fasse appel à lui, des parachutistes venus d'Alger installent un Comité de Salut Public à Ajaccio et annoncent une opération analogue en France pour le 27 mai. Seule l'autorité morale du Général permet d'éviter cette opération Résurrection. Le 1er juin il est investi comme le dernier président du Conseil de la 4ème République et le 2 juin il fait voter les pleins pouvoirs pour lui pour 6 mois et prépare une nouvelle Constitution pour restaurer l'autorité de l'État. La 5ème République naît officiellement le 4 octobre 1958.

La décolonisation de l'Algérie est difficile car de nombreux colons Européens y vivent. Le 8 janvier 1961, de Gaulle organise un référendum sur sa politique algérienne : les Européens d'Algérie comprennent qu'ils ne sont pas soutenus par la métropole. En avril 1961, quatre généraux français organisent le putsch d'Alger : le gouvernement doit alors compter avec deux oppositions armées en Algérie : celle du FLN et celle de l'OAS, Organisation Armée Secrète, des soldats activistes qui veulent garder l'Algérie française. Pourtant, des négociations sont ouvertes et aboutissent à l'indépendance par les accords d'Evian en mars 1962 faisant suite à la décolonisation de l'Afrique noire dans le calme en 1960.

La stabilité politique retrouvée permet de jouir d'une croissance économique exceptionnelle, celle dite des « Trente Glorieuses » même si à partir de 1962, l'inflation apparaît avec le règlement de la guerre d'Algérie et le retour des soldats du contingent et des expatriés. En 1965, le climat social commence à se tendre car la croissance se ralentit. De Gaulle est alors difficilement réélu car sa popularité est en baisse. Sa politique étrangère provocatrice montre qu'il n'a pas vraiment pris conscience du déclin de la puissance française, et il s'attire la colère des États-Unis après la conversion des réserves monétaires françaises en or ; d'Israël pour avoir condamné le peuple juif après la guerre des Six-Jours en 1967 et du Canada par sa déclaration : « *Vive le Québec libre* » la même année. Il doit aussi faire face au chômage (en 1968 : 500 000 chômeurs) qui réapparait car la croissance s'achève alors que le malaise de la société française augmente.

Alger en 1951.
Photo Ray Delvert.

1968 et les années 70 :
vers l'affirmation et la libération de l'individu

La crise de 1968 est parfois analysée comme une crise de civilisation. Beaucoup de jeunes rêvent à un monde différent, meilleur, en rupture avec celui de leurs parents. La société de consommation bourgeoise des « Trente Glorieuses » est condamnée. Il y a trois phases à cette crise : étudiante, sociale et enfin politique.

Le 22 mars, des manifestations commencent à Paris à l'Université de Nanterre, puis à la Sorbonne. Les événements se déchaînent le 6 mai quand des combats de rue opposent la police aux étudiants. La nuit du 10 au 11 mai voit s'ériger des barricades dans le Quartier Latin où 40 000 manifestants tiennent en échec les forces de l'ordre.

Le 13 mai, la crise entre alors dans sa deuxième phase : les syndicats et les partis politiques de gauche se décident à se joindre aux étudiants. Des occupations d'usines sont organisées et peu à peu, tout l'appareil productif, les services publics, les transports sont paralysés. Le mouvement touche l'ensemble de la société.

La crise est dans sa troisième phase, politique celle-là. L'opposition de gauche menée par François Mitterrand saisit l'occasion pour dénoncer l'incapacité du gouvernement et déclare que « *le pouvoir est vacant* ». De Gaulle annonce une dissolution de l'Assemblée alors qu'une manifestation gigantesque sur les Champs Elysées le soutient. L'épreuve de force se

La Sorbonne (ci-dessus) et l'église Saint-Germain-des-Prés (ci-contre), deux symboles de mai 1968.

Ci-contre : « Sois-jeune et tais toi », l'un des slogans de mai 1968, qui ornèrent les murs de Paris et de nombreuses villes françaises.

termine car la reprise du travail s'amorce et les groupes gauchistes les plus extrémistes sont dissouts. Les élections législatives de juin 1968 sont des élections de la peur : après de tels mouvements sociaux, la société veut à nouveau de l'ordre, les socialistes et les communistes sont battus. La société a donc été ébranlée par Mai 68 car la famille, la patrie et l'école sont profondément transformées. Malgré les discours fermes, de Gaulle est contraint à choisir le retrait en avril 1969.

Le nouveau président George Pompidou, très vite malade, meurt en 1974 et le centriste Valéry Giscard d'Estaing est élu. Ces deux chefs d'État ont dû affronter la crise économique dès 1973, révélée par le choc pétrolier qui fait augmenter les prix du pétrole et met en difficulté les pays occidentaux. Les années 1970 sont ainsi marquées par la montée chômage et la restructuration économique : les anciennes activités (extraction minière, sidérurgie) aux

Le centre Georges-Pompidou voulu par le président du même nom, fut inauguré en 1977 par Valéry Giscard d'Estaing.

infrastructures vieillissantes moins compétitives, sont abandonnées peu à peu plongeant des régions comme la Lorraine dans une crise profonde.

Parallèlement, les conquêtes sociales sont importantes avec la libéralisation des mœurs. En effet, de nombreuses mesures permettant une modernisation de la société sont prises dès 1974 comme la légalisation de l'avortement pour les femmes.

Portrait officiel du Président Valéry Giscard d'Estaing Copyright La Documentation française. Photo Jacques-Henri Lartigue.

1968 ET LES ANNÉES 70

L'ère Mitterrand-Chirac :
1981 à 2002

En 1981 François Mitterrand est élu, les socialistes ont le pouvoir : c'est la « vague rose ». Les objectifs sont surtout sociaux : enrayer le chômage, étendre les conquêtes sociales par la 5ème semaine de congés payés. Pour relancer les exportations, le franc est dévalué et pour maîtriser l'appareil productif, 36 groupes bancaires et 9 groupes industriels sont nationalisés : le coût s'élève à 35 milliards. Pourtant les résultats sont décevants et dès 1982 suit une politique de rigueur. Le commerce extérieur reste déficitaire. Le franc est à nouveau dévalué en 1983. Malgré des mesures sociales importantes comme l'abolition de la peine de mort, le bilan est négatif et en 1986, une première cohabitation apparaît. La droite remporte les élections législatives si bien que le président Mitterrand est contraint de nommer un Premier Ministre de droite, Jacques Chirac. La politique économique change avec des privatisations d'entreprises comme TF1 en 1987.

L'alternance est de retour en 1988 avec le 2ème septennat de François Mitterrand. Le contexte politique international prend vite le devant de la scène avec l'effondrement du bloc soviétique en Europe de l'Est en 1989. François Mitterrand veut accélérer la construction européenne pour stabiliser le continent grâce au traité de Maastricht qui est soumis à référendum en 1992. La France est alors un moteur de l'Union Européenne instituée par ce traité.

De 1993 à 1995, une nouvelle cohabitation apparaît avec Edouard Balladur qui accélère la privatisation d'entreprises publiques, des banques comme la BNP, ou de grandes sociétés énergétiques comme Elf-Aquitaine. Il se veut résolument européen, car l'Union doit permettre la croissance et la stabilité économique. Cette prise de position fâche Jacques Chirac, farouchement gaulliste dans sa vision de l'Europe. Pour lui il faut préserver la souveraineté de la France. Cette mésentente aboutit à une double candidature de la droite aux présidentielles de 1995 avec Jacques Chirac et Edouard Balladur.

Jacques Chirac est élu mais, très vite, la popularité de son 1er ministre Alain Juppé décline avec des grèves des transports immobilisant le pays. En 1997, J. Chirac espérant remporter des élections législatives anticipées, dissout l'Assemblée, mais la droite en crise est battue par la gauche plurielle, rénovée par Lionel Jospin. Une cohabitation s'ensuit jusqu'en 2002, marquée par une reprise économique importante et par de nouvelles conquêtes sociales : semaine de 35 heures, PACS.

Pourtant, la gauche est accusée très vite d'avoir mené une politique trop libérale accentuant la fracture sociale entre les plus pauvres et les plus riches. Aux élections présidentielles de 2002, Lionel Jospin est battu au premier tour par Jean-Marie Le Pen qui est opposé à

Jacques Chirac au second tour. Le sursaut républicain contre le chef du Front National est tel que Jacques Chirac est élu avec 82 % des voix.

Le premier ministre Lionel Jospin et le président Jacques Chirac, opposés au deuxième tour de l'élection présidentielle de 1995.
« Service Photographique de la Présidence de la République ».

La France au début du 21ème siècle

Le second mandat de Jacques Chirac est un quinquennat. La Constitution a été réformée en septembre 2000 pour limiter à cinq ans le mandat présidentiel et renouveler ainsi plus vite les élites politiques. Le président est confronté encore au manque de popularité de son Premier Ministre, Jean-Pierre Raffarin. L'idée du déclin français est alors à la mode. Le pays ne serait pas compétitif à l'échelle internationale, incapable de s'adapter aux enjeux nouveaux de la mondialisation économique. Cette crise de confiance semble atteindre son paroxysme en 2005 quand, alors que ses banlieues s'embrasent, la France refuse le traité constitutionnel européen.

La France a été un pays moteur dans le rapprochement européen depuis la signature des Traités de Rome en 1957, mais l'euroscepticisme gagne une partie de sa population depuis le milieu des années 1990. Le refus des Français, puis des Hollandais, montre que la construction européenne est en panne alors que des pays, toujours plus nombreux deviennent membres de l'Union. Il faut en effet parler en 2004 de l'Europe des 25, et en 2007, des 27. Beaucoup ne souhaitent pas d'une Europe élargie au-delà des frontières conventionnelles du continent notamment vers la Turquie. La France est clairement divisée en deux par ce vote, les villes et

Le passage du franc à l'euro se fait, de manière fiduciaire, le 1er janvier 2002.

Le parlement européen à Strasbourg. Architecte : Architecture-Studio.

De gauche à droite : Xavier Bertrand, Nicolas Sarkozy, Laurent Wauquiez.
« Service Photographique de la Présidence de la République ».

Paris en tête ont voté pour, alors que les régions et les zones rurales ont voté contre.

C'est sans doute en réponse à ces angoisses françaises que le pays a élu le 6 mai 2007, Nicolas Sarkozy, qui veut redynamiser la France. La campagne présidentielle a en tout cas été centrée sur la rénovation de la vie politique, aussi bien à gauche qu'à droite. En effet, pour la première fois dans l'histoire de la France, une femme, Ségolène Royal, a été désignée candidate d'un grand parti politique, le parti socialiste, et est arrivée au second tour des élections.

La France a-t-elle les atouts nécessaires pour réussir ce renouveau ? Bien qu'étant désormais une puissance moyenne, elle garde de son passé une position à part. Tout d'abord, ses territoires et départements d'outre-mer lui assurent une présence mondiale, du Pacifique (Polynésie) à l'Océan Indien (Réunion). Elle possède un siège permanent au conseil de sécurité de l'ONU lui assurant une voix déterminante dans les grandes décisions mondiales tel que le refus de participer à la guerre en Irak en 2003. Elle est certes concurrencée économiquement par de nouvelles puissances comme la Chine mais son économie est compétitive, attirant de nombreux investisseurs, et surtout elle peut compter sur des secteurs de pointe (armement, aviation, services aux entreprises…), des entreprises transnationales très performantes (L'Oréal) et l'intégration européenne avec l'euro devenu devise de référence. La France est donc bien armée pour faire face aux nouveaux enjeux du millénaire.

Table des matières

L'Antiquité : des Celtes aux Gallo-Romains 4
Le haut Moyen-Age (1) : les invasions barbares et les Mérovingiens 6
Le haut Moyen-Age (2) : les Pippinides aux Carolingiens 8
Le Moyen-Age classique : les premiers capétiens, la féodalité 10
Vivre au Moyen-Age 12
Deux Rois qui ont fait la France au Moyen-Age : Philippe II Auguste et St Louis 14
Les malheurs des 14ème et 15ème siècles : « De la famine de la peste de la guerre délivre-nous Seigneur » 16
Humanisme et Renaissance en France : une nouvelle vision du monde 18
Les guerres de religion et l'affirmation de l'État 20
La reprise en main du royaume et l'affirmation du pouvoir royal sous Henri IV et Louis XIII 22
le 1er Louis XIV : d'un début de règne difficile au « Roi-Soleil » (1643-1685) 24
Louis XIV : une fin de règne difficile (1684-1715) 26
Le Beau 18ème : un siècle de transformations (1715-1774) 28
Louis XVI, La Révolution et la fin de la Monarchie absolue (1774-1791) 30
La Monarchie constitutionnelle et les débuts de la Convention (1791-1793) 32
De la Terreur au Directoire : un difficile retour à l'ordre 34
Le Consulat et l'Empire : 1799-1815 36
La Restauration et la Monarchie de Juillet : 1815-1848 38
La Seconde République et le Second Empire : 1848-1870 40
La France au 19ème siècle : évolution économique et sociale 42
La France de la Belle Époque 44
La 1ère Guerre Mondiale (1914-1918) 46
L'entre-deux-guerres : du traité de Versailles à Munich 48
La Seconde Guerre mondiale, la défaite et la collaboration de Vichy 50
La fin de la 2nde Guerre Mondiale et l'installation d'une nouvelle République : 1944-1946 52
La 4ème République, un bilan mitigé terni par une décolonisation difficile : 1946-1958 54
L'avènement de la 5ème République et le retour du général de Gaulle : 1958-1968 56
1968 et les années 70 : vers l'affirmation et la libération de l'individu 58
L'ère Mitterrand-Chirac : 1981 à 2002 60
La France au début du 21ème siècle 62

©2008 Éditions Gisserot
Imprimé et façonné par Pollina Luçon 85 n° d'impression : L48674
Imprimé en France
Sauf mention contraire les photos sont des éditions gisserot.